Wenn das Einfache nicht so leicht wäre,
wäre es nicht so schwer zu erreichen.

CHRISTIAN MAIER

Spielraum für Wesentliches

Lernen mit inner game

allesimfluss_verlag

allesimfluss-Verlag und Shop AG, Am Rebberg 11, D–79219 Staufen
Telefon +49-7633-933480 / Fax +49-7633-9334811
www.allesimfluss-verlag.de / kontakt@allesimfluss-verlag.de

1. Auflage Oktober 2007

Autor:	Christian Maier
Projektleitung:	Frank Pyko
Umschlaggestaltung:	Böning Design
Layout und Satz:	Weiß – Graphik & Buchgestaltung
Korrektur:	Dore Wilken
Zeichnungen:	Peter Späth
Druck und Bindung:	fgb · freiburger graphische betriebe GmbH

Printed in Germany

ISBN 978-3-9809167-2-1

Inhaltsverzeichnis

EINE ART EINFÜHRUNG

Diese Buch richtet sich an Menschen, die genug haben von immer neuen Erfolgsrezepten und die stattdessen feststellen, dass noch so viel äußere Aktivität nicht vor innerer Leere bewahrt, sondern dass wir Wesentliches in uns selbst tragen und dass es spannend ist und Spaß macht, es zu entdecken und den eigenen Spielraum zu erweitern.

Es ist für alle, die sich die Frage stellen, wie Lernen, Entfaltung und Wachstum sein kann und wenn es ein eigener Entdeckungsprozess wird, ungestört durch Anweisungen, Druck, Selbstzweifel. Auf sich vertrauen, von innen heraus, spielerisch und aus Lehrersicht durchaus «frech», ist der Ansatz von inner game, bricht er doch mit dem Tabu, dass Lernen nur mit Anweisungen und Input funktioniert.

Das Besondere in Kurzform:

- Die Vorgehensweise des inner game führt ohne technische Anweisungen zu überraschenden Lernerfolgen.
- Inner game Coaching erweitert die eigene Wahrnehmung und ermutigt, sich und seinen Potentialen mehr zu vertrauen.
- Beispiele aus verschiedenen Sportarten machen besonders greifbar, wie sich das innere Spiel auf das äußere Tun auswirkt.
- In Schule und Wirtschaft findet inner game zunehmend Anwendung.

Die in diesem Buch beschriebenen Erfahrungen und Erkenntnisse sind aus der Arbeit mit Menschen entstanden. Es ist eine bunte Mischung aus sachlichen Beschreibungen, erlebnisorientierten Erzählungen und heiteren bis ernsten Geschichten entstanden, die so tatsächlich passiert sind oder hätten passieren können.

Bedanken möchte ich mich bei meiner Frau Sybille. Nicht nur, weil sie wie viele Frauen ihren Mann unterstützt, indem sie die Familie, die vier Kinder und das Haus managt. In meinem Fall war und ist sie meine beste Beraterin, hat mich ermuntert, mir geholfen und mich in vielem herausgefordert. Vieles von dem, was ich niedergeschrieben habe, ist von ihr bzw. hätte ohne sie nicht diese Reife und Tiefe gefunden.

Christian Maier, Oktober 2007

DAS BUCH, DAS BEWEGT – GEBRAUCHSANWEISUNG

Es gibt innere und äußere Bewegung. Mit inner game werden beide verbunden bzw. sind gar nicht voneinander getrennt. Was Sie fühlen und denken, wenn Sie hören «Sie werden jetzt jonglieren», ist innere Bewegung. Diese kann ganz schön heftig sein, auch wenn äußerlich noch gar nichts passiert. Was Sie innerlich bewegt, bleibt aber pure Spekulation, wenn es sich nicht in äußerer Bewegung – tatsächlichem Tun – ausdrückt.

Jonglieren wird daher in diesem Buch das stellvertretende Beispiel für innere und äußere Bewegung sein, für die Beziehung der beiden zueinander, für Lernfreude, für Loslassen und Zupacken und Ihnen ermöglichen, das Gelesene zu begreifen – mit Ihren Händen greifen. Dabei geht es nicht um das Ergebnis «Jonglieren können», sondern um den Prozess, nicht um das Ziel, sondern um den Weg dahin. Es geht also ums Lernen und sich dabei beobachten, nicht ums Können. Je länger Sie daher das Lernen auskosten, indem Sie das Können herauszögern, desto mehr lernen Sie über das Lernen. Und darum geht es in diesem Buch!

Jonglieren, besser gesagt das Erlernen des Jonglierens, ist auch eine ideale Gelegenheit, sich selbst besser kennenzulernen, zum Beispiel im Umgang mit Herausforderungen. Am Ende des Buches, im Erlebnisteil, finden Sie dazu die Persönlichkeitsanalyse «Jeder jongliert, wie er lebt!»

Je nachdem, wie Sie das Thema «Jonglieren» angehen möchten, bieten sich drei Vorgehensweisen an:

A) «Ich will es sofort wissen.»

Sie finden im Buch drei Jongliertücher, die Sie auspacken und sich bereitlegen. Am Ende des Buches finden Sie im Erlebnisteil einige Bilder, die die Flugbahnen der Tücher, beginnend mit einem Tuch, dann zwei, dann drei anschaulich machen. Gehen Sie dann ins Internet und geben Sie www.spielraumfuerwesentliches.de ein. Dort finden Sie nicht nur eine gesprochene Anleitung mit zum Rhythmus passender Musik hinterlegt, sondern auch Erlebnisberichte anderer Leser. Die Anleitung können Sie ganz leicht herunterladen und bspw. auf Ihren MP3-Player überspielen oder direkt anhören.

B) «Ich warte erst mal ab.»

Beginnen Sie einfach, im Buch zu lesen. Irgendwann kommt ein Impuls: «Ja, jetzt könnte ich es mal mit dem Jonglieren probieren!» Geben Sie dem Impuls nicht nach, auch dem zweiten nicht. Warten Sie, bis es in Ihnen brennt, bis Sie es kaum noch aushalten, endlich die Kunst des Loslassens zu üben. Dann folgen Sie der Beschreibung von A). Und wenn Sie es dann erlebt haben, lassen Sie es nachwirken, genießen Sie dieses herrliche Gefühl, diesen Moment, wenn Kontrolle durch Loslassen ersetzt wird und Ihre zwei Hände auf rätselhafte Weise drei Gegenstände fließend in der Luft halten.

C) «Was sollen diese Spielereien?»

Lassen Sie das Jonglieren weg. Das Buch ist auch ohne Jonglieren gut verständlich und bietet eine Fülle von anderen Beispielen, die Ihnen vielleicht mehr liegen. Falls Sie Ihre Meinung unterwegs ändern, seien Sie nachsichtig mit sich. Denn die Erfahrung, dass Lernen etwas Ernstes und Anstrengendes sein muss, ist durch jahrelanges «Üben» derart stabil, dass trotz vieler gegenteiliger Erfahrungen und Beweise der Hirnforschung gerne daran festgehalten wird. Warum das so ist und welche Wege es gibt, da wieder herauszukommen, zeigen die Lernbeispiele des inner game. Nebenbei bemerkt hat auch hier die Wissenschaft etwas Interessantes festgestellt: Wer drei Monate lang täglich ein paar Minuten jongliert, baut in bestimmten Gehirnarealen zusätzlich Hirnmasse auf und die Strukturen seines Denkorgans verändern sich. Und das, obwohl man bis vor kurzem noch glaubte, das Gehirn verändere sich im Erwachsenenalter gar nicht mehr.

Wenn Sie sich beim Lernen beobachten, wenn Sie Gewohnheiten erkennen und vor allem, wie Sie diese losgelassen haben, kann für andere Leser von großem Wert sein. Nutzen Sie daher die Möglichkeit, auf der Seite www.spielraumfuerwesentliches.de andere an Ihren Erfahrungen teilhaben zu lassen und dadurch mit beizutragen, dass mehr Bewegung und damit Spielraum für Wesentliches im Bereich des Lehrens und Lernens entsteht.

*«**I**nteressant, **n**eu, **n**atürlich, **e**legant, **r**uhig, **g**ewinnend, **a**ufregend, **m**utig, **e**nergetisierend.»*
Ein Seminarteilnehmer

1 DER ERSTE SCHRITT

VON EINEM, DER LOSKRABBELTE, UM LAUFEN ZU LERNEN

Erinnern Sie sich noch, wie Sie als Kind laufen lernten? Vermutlich nicht, aber bei den meisten war es in etwa so:
Krabbelnd machten Sie sich auf den Weg, die Welt zu entdecken, dorthin und dahin, Widerständen aus dem Weg gehend, Lücken suchend. Sie machten die Erfahrung von hart und weich, rutschig und griffig und viele andere. Eines Tages fiel Ihnen vermutlich auf, dass Ihre liebsten Menschen irgendwie anders vorwärts kamen, weiter oben, aufrechter, schneller. Verständlich, dass auch Sie irgendwann da hoch wollten und als Ihnen ein Tisch- oder Stuhlbein in den Weg kam, nutzten Sie es, um sich daran hochzuziehen. Welch Anblick aus dieser neuen Perspektive! Etwas vorsichtig, aber auch neugierig machten Sie den ersten Schritt Ihres Lebens, dem noch viele folgen sollten. Aber eh Sie sich versahen, fanden Sie sich wieder in der gewohnten und sicheren Umgebung nahe über dem Boden. Wo war noch das Tischbein und schon folgte der zweite Versuch, um nach einigen weiteren Versuchen schließlich strahlend in die Arme Ihrer Mutter oder Ihres Vaters zu fallen, die sich über diese ersten Gehversuche freuten.

Und dass Sie es gelernt haben, merken Sie daran, dass Sie heute aufrecht durchs Leben gehen. Und niemand wundert sich darüber, nicht einmal Sie selbst. Dabei ist es schon ein Wunder, dass Sie gehen gelernt haben, ohne dass es Ihnen jemand erklärt hat. Da war niemand, der Ihnen etwas über die Funktion Ihrer Muskeln, Sehnen und Knochen erklärt oder mit Ihnen Gleichgewichtsübungen gemacht hat. Kein Vater, der mit sorgenvollem Blick im Telefonbuch unter der Rubrik «Lauflehrer» nachgeschlagen hat. Keine Mutter, die mitleidig sagte: «Bleib liegen Kind, das wird nichts, wir tragen dich durchs Leben.» Dabei sahen die ersten Versuche wirklich nicht sehr vielversprechend aus.

Aber nichts dergleichen begegnete Ihnen, als Sie nach mehreren vergeblichen Versuchen glücklich davonkrabbelten. Im Gegenteil, wohlwollende und glückliche

Gesichter begleiteten Ihr Aneinanderreihen von Misserfolgen. Vielleicht wurde noch etwas für Ihre Sicherheit getan, Kakteen höher gestellt, im Stehen erreichbare Gegenstände gesichert, aber sonst war da nur Vertrauen und Zuversicht.

Zwei Wunder ...

- Sie machen etwas falsch und alle freuen sich.
- Sie lernen etwas, ohne zu wissen wie es geht.

... und ein Rätsel

- Gehen geht, ohne dass ich weiß wie!

Lassen Sie zunächst einmal die beiden Wunder auf sich wirken und wundern Sie sich ein bisschen, bevor wir uns dem Rätsel «Wie geht gehen?» widmen.

«Wie geht denn jetzt gehen eigentlich wirklich?», fragte ich meine Seminarteilnehmer, während ich sie aufforderte, herumzugehen und es herauszufinden. Nach einer längeren Forschungsphase bekam ich folgende Antworten:

- Gehen ist ein Prozess des ständigen Stürzens, das durch das abwechselnde Vorsetzen eines Beines abgefangen wird.
- Es geht von allein.
- so wie ich es will
- am besten locker
- über Kreuz
- tausende verschiedene Bewegungsabläufe
- Schutzreflex, um nicht umzufallen

Jetzt stellen Sie sich einfach einmal vor, sie könnten noch nicht gehen und kämen in Ihre erste Gehstunde gekrabbelt. Und dort hören Sie dann: «Gehen ist ein Prozess des ständigen Stürzens, das durch das abwechselnde Vorsetzen eines Beines abgefangen wird, aber eigentlich geht es von alleine.» Sie würden vermutlich gleich wieder zur Tür herauskrabbeln und damit wäre das Thema dann erledigt und der erste Schritt möglicherweise in weite Ferne gerückt.

Ähnlich wie das Gehen, lernen wir als Kinder auch andere Dinge, zum Beispiel unsere Muttersprache, Malen, Singen usw. Auch hier sorgen geliebte Vorbilder und ein wohlwollendes Umfeld dafür, dass die natürliche Entdeckerfreude geweckt wird. Es wird ein Spielraum geboten, in dem das Wesentliche stattfinden kann: Von Lernen im belehrend anstrengenden Sinne ist hier noch keine Spur, es passiert einfach und wird als etwas Selbstverständliches angesehen. Der erwartungsfrohe Blick einer Mutter, wenn es ihrem Kind Worte vorsagt, birgt keinerlei Zweifel, dass es diese auch irgendwann versteht und spricht. Da ist kein versteckter Gedanke, ob das Kind wohl sprachbegabt wäre oder man nicht lieber eine andere – eine leichtere – Sprache hätte wählen sollen (zum Beispiel Chinesisch, weil es ja besonders leicht sein muss, wenn es von so vielen gesprochen wird).

Betrachten wir daher nochmals das Wunder, das jeder erlebt hat. Was war dazu nötig:

- Vertrauen: Keiner zweifelte daran, dass Sie das Potenzial zum Gehen haben, obwohl es am Anfang sicher nicht danach aussah.
- Geschehen lassen: Keiner gab Ihnen eine Vielzahl an Tipps oder kritisierte, wenn Sie es ausprobierten und etwas falsch machten.
- Liebevolle Ermunterung: Keiner zweifelte an Ihrem Erfolg. Fehler werden nicht zum Problem.
- Zeit zum Ausprobieren und Erforschen
- Ein hohes Maß an Verbundenheit zwischen «Lehrer» und «Schüler»

Leider ist es so, dass dieses besonders erfolgreiche Lernerlebnis beim Laufenlernen eben nicht zur Gewohnheit wird. Stattdessen heißt es irgendwann: «Liebes Kind, bis jetzt war lernen leicht und ein Vergnügen, jetzt beginnt der Ernst des Lebens!» Und wer hat das nicht in seinen verschiedenen Facetten kennengelernt.

Aus Interesse, erforschen, ausprobieren, Neugierde, Motivation, Spaß, Energie wird Lernstoff, Lehrer, Fehler, Stundenplan, Übung, Prüfung, Anspannung, still sitzen, Erschöpfung.

Aus «Ich will» wird «Du sollst».

Aus l e i c h t wird s c h w e r.

Warum machen wir uns (und anderen) das Lernen nach dieser einmaligen Erfahrung beim Gehen lernen oft so schwer? Warum vertrauen wir später so wenig auf natürliche Wachstumsprozesse? Warum wird das, was von innen kommt und sich entfalten möchte, so dirigiert und behindert, dass viele Menschen als Erwachsene zu weit einfacheren Dingen wie «Gehen» sagen: «Das kann ich nicht!» Warum folgt diesem freien und erforschenden «Ich will» ein in enge Bahnen gezwängtes «Du sollst»?

Weil – und die Antwort wird Sie verblüffen – wir es selbst so erlebt haben und zwar so oft, dass es zu einer stabilen Gewohnheit wurde, selbst wenn wir als Schüler darunter gelitten haben. Denn schließlich ist aus den meisten von uns etwas geworden, also muss es auch gut gewesen sein, selbst wenn es sich nicht gut angefühlt hat!

Das ist tragisch, nicht nur für die Betroffenen, denn diese lernen dabei, zu zweifeln und unsicher zu werden. Es ist auch tragisch für die Lehrenden, die ja eigentlich genau das Gegenteil erreichen wollen. Welcher Musiklehrer will seinen Schülern beibringen, dass sie unmusikalisch sind? Welcher Französischlehrer hat zum Ziel, dass ein Teil seiner Schüler die von ihm geschätzte Sprache blöd findet? Welcher Seminarleiter möchte in müde Augen schauen? Welche Eltern ihr Kind beim Fahrrad fahren oder schwimmen lernen leiden sehen? Welche Führungskraft will, dass ihre Mitarbeiter nur ein Bruchteil ihrer möglichen Leistung bringen?

Viele Fragen drängen sich auf, wenn man das ursprüngliche gehen lernen, das alle auf mehr oder weniger die gleiche Art «gelernt» bzw. entdeckt haben, nicht mehr als etwas Selbstverständliches ansieht, sondern als das Wunder, das es zu erhalten oder wieder zu entdecken gilt. Nicht das äußere, richtige kopierbare Rezept, sondern das eigene innere Spiel, das, was uns ausmacht, bewegt, Richtung gibt, ist maßgeblich. Und wenn man lehrt, gilt es, sich zu erlauben, einen Rahmen zu schaffen, in dem lernen geschieht und nicht verordnet wird. Damit bietet man Spielraum, in dem Wesentliches möglich wird, was sich wiederum neuen Spielraum schafft.

Daher gilt: Lernen ist nicht so, wie Sie es gelernt haben oder anders formuliert: Lernen ist so, wie Sie Gehen gelernt haben.

«Inner game ist selber drauf kommen, wie es geht!»
Ein Seminarteilnehmer

DIE WISSENSCHAFT HAT FESTGESTELLT …

… dass leichtes Lernen Spaß enthält!

Viele spüren intuitiv, dass viele unserer Gewohnheiten beim Lernen und Lehren nicht wirklich der Natur des Menschen entsprechen. Wie es aber mit Gewohnheiten so ist, sind diese gewohnt und Neues ist fremd. Viele unserer Seminarteilnehmer erleben daher Momente der Verunsicherung, wenn keine Fakten vermittelt wurden, vorne nicht einer steht, der sagt, wo es langgeht und wenn nach einem intensiven Tag der Kopf nicht raucht.

Ein Seminarteilnehmer meinte einmal: «Ich bin begeistert von dem Tag, auch wenn es noch wenig Inhalte gab!» In Wirklichkeit meinte er nicht Inhalte, davon gab es nämlich reichlich, sondern «Außenhalte», Dinge, an denen er sich festhalten kann, etwas, was er hart erarbeitet hat – ohne innerlich etwas bewegen zu müssen.

Da sich diese Gefühle der Befremdung und vielleicht sogar Verunsicherung auch beim Lesen der Beispiele in diesem Buch einstellen können, möchte ich Ihren «Kopf», Ihren kritischen Verstand mit den folgenden Ausführungen und Zitaten aus der aktuellen Gehirnforschung beruhigen. Sie beweisen nämlich, dass es sachlich richtig ist, sich eindeutig, radikal und ein für alle Mal klarzumachen, dass die gewohnte Form des Lehrens und Lernens nicht der Funktionsweise unseres Gehirns entspricht. Im Gegenteil es wird oft dadurch sogar in seiner Entwicklung behindert!

Wenn nicht anders bezeichnet, sind die Informationen in diesem Kapitel dem überaus empfehlenswerten Buch «Bedienungsanleitung für ein menschliches Gehirn» von Gerald Hüther entnommen.

- Das Gehirn lernt immer, denn genau dafür ist es da! Das Lernen muss daher nicht angestoßen werden, sondern es müssen lediglich passende Rahmenbedingungen geschaffen werden.
- Anders als bis vor kurzem noch gedacht, geht das Gehirn eines Erwachsenen neue Verbindungen ein und bildet ständig neue Nervenzellen (Neurogenese). Die Hirnforscher, die das herausgefunden haben, waren höchst verwundert über dieses Ausmaß an nutzungsabhängiger Veränderbarkeit des menschlichen Gehirns.

- Das Gehirn sucht nach übergeordneten Regeln, wofür es anschauliche Beispiele braucht. Manfred Spitzer: «Das bisschen, was wir von den Einzelheiten behalten haben, die wir in der Schule lernten, ist die Nussschale auf dem riesengroßen Ozean der vielen Spuren, die durch das Leben in unser Gehirn reingehauen sind!»
- Noch bis vor wenigen Jahren schien den Hirnforschern alles suspekt, was mit Gefühlen zusammenhing. Inzwischen beginnen sie zu verstehen, welche Bedeutung Gefühle nicht nur für die Ausrichtung von Wahrnehmungs- und Denkprozessen besitzen, sondern auch wie frühe Erfahrungen im Gehirn verankert werden und wie sehr sie spätere Grundhaltungen und Überzeugungen bestimmen. Unser Gehirn ist demnach weniger ein Denk- als vielmehr ein Sozialorgan. Eric Kandel: «Ohne Gefühl wird nichts behalten!»
- Das Bedürfnis über sich hinauszuwachsen, ist im Gehirn verankert.
- Herausforderungen und neue Aufgaben führen zur Weiterentwicklung im Gehirn. Das gelingt eher, wenn man sich fragend und durch eigene Versuche an das zu Lernende herantastet, statt fertige Antworten zu bekommen.
- «Der größte Feind der Gehirnaktivität ist Stress. Ein gestresstes Gehirn kämpft um sein Überleben. Da ist es nicht interessiert daran, in Zellen für die Zukunft zu investieren. Anstrengende, belastende Umwelteinflüsse wirken auf diese Weise buchstäblich nervtötend!» sagt der Stressforscher Christian Mirescu. Wenn unter Stress, Angst und Druck gelernt wird, erzeugt das außerdem beim Abrufen wieder die gleichen Stress-, Angst und Druckgefühle.
- Nervenzellen (Neuronen) sind aktiv (lernen), wenn ich etwas tue. Spiegelneuronen dagegen sind aktiv, wenn andere etwas tun und ich nur Zuschauer bin. Das erklärt, warum Lehrer, die ursprünglich eigentlich alles anders machen wollten, als sie es selbst als Schüler erlebt haben, es (fast) genauso machen. Sie haben es über Jahre täglich erlebt und damit im Gehirn fest verankert. Das Gleiche gilt für Führungskräfte, die lange Zeit einem unliebsamen Führungsstil ausgesetzt waren und dann selbst in einer Führungsposition diesen Stil praktizieren. Positiv daran ist, dass man dann, wenn man dieses Phänomen erkennt, mit dem eigenen lernfähigen Gehirn bewusst gegensteuern kann und alte Gewohnheiten durch neue ersetzen kann.
- Körperliche Aktivität fördert die Gehirnaktivität.
- Ein zeitlebens lernfähiges Gehirn ist auch lebenslänglich veränderbar.

Wichtig ist noch anzumerken, dass man nicht dem Irrtum unterliegt, diese Erkenntnisse seien erst da, seit sie erforscht sind. Sie waren schon immer da und

für jeden fühlenden, wahrnehmenden und beobachtenden Menschen offensichtlich. Und so gibt es schon seit langem Pädagogen, die das wussten und umsetzten und den Menschen mit seinen Potentialen in den Mittelpunkt ihrer Betrachtungen stellten und weniger die Sache, den Lernstoff.
Diese Vorgehensweise wurzelt durchaus in der deutschen Tradition der Belehrungsschule: «Die Kinder sollen aufnehmen, was die Lehrer durchnehmen», was sich heute noch weiter zugespitzt hat. Dazu nochmals Gerald Hüther: «Möchte man sein Gehirn mehr oder weniger lahm legen, sollte der Mensch mit lauter Belanglosigkeiten in einen Zustand ständiger Aufregung versetzt werden, mit überflüssigen und nutzlosen Informationen überschüttet und mit so vielen unterschiedlichen Expertenmeinungen konfrontiert werden, bis er weder Wichtiges von Unwichtigem, noch Richtiges von Falschem unterscheiden kann. Um ihn am Nachdenken zu hindern, ist es ratsam, ihn solange in fortwährender Hektik umherzutreiben, bis er außerstande ist, länger als 5 Minuten stillzusitzen.»

Diese Fixierung auf Äußerliches führt dazu, dass das Wesentliche aus den Augen verloren wird, nämlich in Schülern, Teilnehmern und Mitarbeitern den Spaß und die Freude am Lernen und Wachsen zu entfachen. Um diese Lust am Entdecken zu erzeugen, ist es aber nötig, in erster Linie den Menschen mit seiner Vielfalt an Potenzialen zu sehen und ihm einen Rahmen zu bieten, in welchem sich diese Potenziale entfalten können.

Auf besonders eindrückliche Weise hat das Timothy Gallwey gezeigt, als er vor über 30 Jahren auf dem Tennisplatz den Grundstein für inner game legte.

DER URSPRUNG VON INNER GAME

«Hol doch früher aus!», «Du musst den Ball anschauen!», «Da hat der Andere dich mal wieder erwischt, hättest mehr trainieren sollen!» Kennen Sie solche Selbstgespräche wie dieses Beispiel auf dem Tennisplatz? Wer spricht da eigentlich mit wem? Der Mund mit dem Arm? Der Kopf mit dem Körper? Würde man nicht hinschauen, könnte man meinen, da seien zwei Personen, wovon eine offenbar nicht sehr zufrieden mit der anderen ist und das lauthals kundtut.

In seinem Buch «Inner Game of Tennis» begann Timothy Gallwey, der Begründer von inner game und ehemaliger Tennisprofi, zwischen dem inneren Spiel und dem äußeren Spiel zu unterscheiden: *Eines Tages fragte ich mich, wer da mit wem sprach. Wer schimpfte und wer wurde beschimpft? «Ich spreche mit mir selbst», sagen die meisten Leute. Aber eben, wer ist «Ich» und wer «Selbst»? Offensichtlich sind «Ich» und «Selbst» getrennte Einheiten, sonst könnte es keine Unterhaltung zwischen beiden geben; man könnte also sagen, dass in jedem Spieler zwei «Selbst» wohnen. Das eine scheint Anweisungen zu geben, das andere scheint die Handlungen auszuführen.*

Gallwey begann gezielt auf die Gedanken zu achten, die beim Tennis spielen durch den Kopf gehen können und manchmal auch hörbar werden. Dabei stellte er fest, dass es sich meistens um Anweisungen handelte, die besagten, dass er dies tun und jenes lassen solle, oder sie drückten Selbstkritik, Sorgen, Ängste und Zweifel aus. Oft ging dieses «innere Geschwätz» ununterbrochen und nicht gerade freundlich vonstatten.

Im Laufe seiner Beobachtungen stellte Gallwey fest, dass er noch soviel «äußerlich» trainieren und an seiner Technik feilen konnte. Wenn sein inneres Spiel gegen sich selbst gerichtet war, kam er nicht weiter: *Ich stelle die These auf, dass bei keinem Spiel Meisterschaft erlangt oder Befriedigung gefunden werden kann, wenn man sich nicht auch den ziemlich vernachlässigten Fähigkeiten des inneren Spiels widmet.*

Also fragte er sich, wie er es zu seinem Verbündeten machen könnte, statt es als Gegner zu haben und begann zunächst das innere Geplapper abzustellen, indem er seine Wahrnehmung auf etwas anderes lenkte. Das geht beispielsweise dadurch, dass man während des Tennisspiels die Drehung des Balles beobachtet, Lieder singt, seine Fußsohlen spürt, auf den eigenen Atem achtet. Gallwey fand noch viele weitere Möglichkeiten, das innere Geplapper abzustellen und befreit von hinderlichen Gedanken konnte der Körper dann viel leichter das tun, was er wollte.

Das liegt nun bald 30 Jahre zurück und es gibt mittlerweile viele Erfahrungen mit inner game sei es im Sport (Ski fahren, Tennis, Golf etc.), in der Verbindung mit Musik oder vor allem als Coachingansatz in der Wirtschaft, bei der umfassenden Begleitung von Veränderungsprozessen oder im Coaching von Teams und Führungskräften. Auch in Schulen konnten Schüler, Lehrer und Eltern schon erleben, was es braucht, um Lernen und Lehren zu einem lustvollen Erlebnis zu machen.

Dabei ist der Erfolg nicht auf etwas besonders Neues zurückzuführen, sondern eher darauf, dass inner game nach innen und somit auf bewegende Weise zur eigenen Natur des Lernens führt.

«Innen ist wie außen und außen wie innen. Die Frage ist, wie kriegen die beiden Kontakt?»
Ein Seminarteilnehmer

LERNEN GESCHEHEN LASSEN

Meine erste Begegnung mit inner game fand vor vielen Jahren in den Bergen statt, als ich bei Dr. Roberto Buner und Kurt Wiederkehr eine inner game Ski- und Tenniswoche belegte. Morgens fuhren wir Ski, mittags spielten wir Tennis, beides Sportarten, die ich selbst schon länger ausgeübt hatte und dabei selbst auch schon als Skilehrer tätig war.

Das meiste von dem, was mir in dieser Woche widerfuhr, hatte ich noch nie erlebt. Wie unterschiedlich Schnee sich anfühlt, welche Geräusche es gibt, wie laut oder leise man fahren kann, wie sich der Wind im Gesicht anfühlt, welche Vielfalt in den Bewegungen steckt, dass man wie Wasser und Feuer oder wie ein Panther oder ein Hase Skifahren kann oder wie Schokoladenguss über einen Kuchen. Oder beim Tennis die völlige Abwesenheit von Technik, stattdessen achten auf Gefühle, das Hineinspüren in den Schläger als verlängerte Hand, das Forschen nach dem Schwung. Nie zuvor hatte ich beim Ausüben dieser Sportarten solche Glücksgefühle und so viel Spaß und das völlig unabhängig von Äußerlichkeiten wie Schnee, Wetter, geschliffenen Kanten oder guten oder schlechten Bällen.
Ich war begeistert von den neuen Dimensionen, die mir inner game beim Ausüben dieser Sportarten eröffnet hatte und einige Zeit später begann ich selbst, mit Ski und inner game zu experimentieren. Dabei ging es zunächst einfach nur um das leichte und spielerische Lernen des Skifahrens. Schnell zeigte sich aber, dass es eigentlich um das eigene Leben geht, den eigenen Schwung, die Frage «Wie kriege ich die Kurve», wie finde ich meinen Weg und vieles mehr. Skifahren wurde zu einem aussagekräftigen Spiegel des eigenen Lebens. Das hatte zur Folge, dass wir uns mehr mit uns selbst beschäftigten und auf der Suche nach dem «inneren Schwung» der äußere Schwung eine zwangsläufige Folge wurde. Während wir uns mit unserem inneren Spiel beschäftigten, lernten wir nebenbei das Skifahren – leicht, spielerisch und überraschend schnell.

Später ging ich mit Frank Pyko der Frage nach, welche körperlichen Aktivitäten ähnliche Erkenntnismöglichkeiten bieten wie das Skifahren und in Seminarräumen und ganz «normalen» Seminaren durchzuführen sind. Bald kristallisierten sich Jonglieren, Bogenschießen und Bumerang werfen heraus und im Verlauf vieler Seminare und Workshops kamen noch viele weitere Elemente hinzu. Heute kann ich mir nicht mehr vorstellen, ein Seminar zu leiten, ohne körperliche oder spielerische Elemente einzusetzen. Nicht nur, weil es allen viel mehr Spaß macht und keine Müdigkeit aufkommt, sondern vor allem auch, weil es jegliche Form von Lernprozessen erheblich beschleunigt.

Am Beispiel der Gegenüberstellung zweier Nordic-Walking-Einführungstunden möchte ich die Vorgehensweise mit inner game verdeutlichen.

Eine Gruppe geht in Richtung Waldparkplatz, dem Ausgangspunkt der ersten Nordic Walking-Stunde. Sie gehen entspannt und sicher, reden nebenbei und sind fröhlich. Die Arme bewegen sich locker entgegen der Fußrichtung. Sie gehen so, wie man geht und machen sich so wie bei anderen Dingen, die man kann, keine Gedanken über das «wie». So erreichen alle anstrengungs- und gedankenlos den Parkplatz.

Dort erwartet Sie der Nordic Walking-Instructor und deutlich erkennt man an Haltung und Blick der Ankommenden, wie sie in die Schülerrolle schlüpfen. «Der dort weiß was, das wird er uns jetzt sagen!» «Das wird nicht einfach, habe ich schon von anderen gehört.», «Und diese aufmunternden Worte, wie gesund es ist usw., sollen uns nur ruhig stellen.»

Stöcke werden verteilt, deren Länge gemessen und eingestellt und die komplizierten Handschlaufen erklärt.
«Oh je, wenn ich das schon nicht kapiere», meint der eine. Scheue Blicke hin und her, manches Gelächter, Gerede... Unsicherheit erzeugt Sprechenergie.

Dann Ruhe, es folgen die Erklärungen: Körperhaltung, Schultern, Kopf, Brust, Arm- und Beinrhythmus, Halten des Stockes, Stockeinsatzpunkt, Abstoßpunkt, Drücken und Loslassen des Stockes.
Und nach der Theorie kommt die Praxis. Wir staksen los, und so, wie das aussieht, drängt sich der Gedanke auf: «So ist das also, wenn man am Stock geht!» Der Stock bestimmt das Vorgehen, die Technik fordert den Kopf und die vormals sicheren Beine und Arme sind zu störendem verwirrenden Ballast geworden.

Aber da ist er ja schon wieder, der Instructor, und hilft uns. Er zeigt und korrigiert: «Weiter vorne dies, mit dem Arm mehr das, gleichzeitig das Bein nach da», und schon walkt er dem nächsten Stakser hinterher, der vergeblich versucht, ihm zu entkommen, indem er beschleunigt. Resigniert erwartet er seine Korrekturen, die er pflichtbewusst umsetzt - über leichte Verkrampfungserscheinungen in den Schultern hinwegsehend.
Wieder am Ausgangspunkt angekommen, legen alle die Stöcke ab und laufen bei weitem nicht mehr so sicher davon. Bei manchen hat es sogar den Anschein, dass sie nicht mehr richtig wissen, was sie mit ihren Armen machen sollen.

Da der Nordic Walking-Instructor bei mir auch schon Erfahrungen mit inner game gemacht hatte, kamen wir im Anschluss noch miteinander ins Gespräch.

Nordic Walking-Instructor (NW): Wie könnte man denn so eine Stunde mit inner game machen?
Inner game Coach (IG): Was ist Ihnen denn so aufgefallen, Sie wirkten nicht so zufrieden?
NW: Ich war auch etwas im Stress. Ich habe erst vor kurzem meine Instructorprüfung gemacht und mit den eigenen Kollegen ist das ja auch so eine Sache.
IG: Das glaube ich, aber was ist Ihnen denn genau aufgefallen?
NW: Irgendwie ist die Gruppe auseinander gefallen und ich musste vor- und zurückrennen.
IG: Was noch?
NW: Ich habe nicht das Gefühl, dass sie viel gelernt haben und ob es ihnen Spaß gemacht hat, weiß ich auch nicht so recht.
IG: Haben Sie es gelernt oder nicht, das können Sie doch erkennen?
NW: Für den Anfang war es schon okay, es lernt ja auch nicht jeder gleich. Aber ich habe es genauso gemacht, wie wir es gelernt haben.
IG: Ich fand, dass manche schon recht verkrampft wirkten
NW: Das ist halt am Anfang so. Aber viele nutzen die Stöcke ohnehin nicht richtig, da kann man sagen, was man will.
IG: Mir ist aufgefallen, wie die Teilnehmer nachher ohne Stöcke davonliefen ...
NW: ... ja, ich weiß, das sieht bei manchen aus, als könnten sie nicht mehr normal laufen ...

Es geht nicht darum, Nordic Walking-Trainer schlecht zu machen, sondern zu verdeutlichen, zu was ein zuviel an Technik, zuviel an richtig und falsch, zuviel an «äußerem Spiel» führen kann. Und das fällt hier eben besonders auf. Sie verlernen nämlich im schlimmsten Fall etwas, was Sie schon konnten und laufen davon, als wäre das Gehen für Sie etwas Ungewohntes. Einem Skianfänger sehen Sie die Auswirkungen eines zuviel an «äußerem Spiel» nicht an, da er mit keinem Können kommt. Anders beim Nordic Walking. Hier wird deutlich, was das Beispiel mit dem Tausenfüßler meint, der, als er gefragt wird, wie er das mache, dass er so viele Füße bewegen kann, ohne zu stolpern, beginnt darüber nachzudenken – mit dem Ergebnis, dass er stolpert. So könnte eine inner game Nordic Walking-Stunde aussehen:

Eine Gruppe geht in Richtung Waldparkplatz, dem Ausgangspunkt der ersten Nordic Walking Stunde. Sie gehen entspannt und sicher, reden nebenbei und sind fröhlich. Die Arme bewegen sich locker entgegen der Fußrichtung. Sie gehen so, wie man geht und machen sich so wie bei anderen Dingen, die man kann, keine Gedanken über das «wie». So erreichen alle anstrengungs- und gedankenlos den Parkplatz.

Die erste Frage des inner game Coachs lautet: Was geht euch eigentlich zum Nordic Walking so durch den Kopf? Manche schmunzeln und sagen, dass sie es eigentlich schon ziemlich lächerlich finden, so verkrampft und unnatürlich durch die Gegend zu laufen und dabei auch noch Krach zu machen. Einige pflichten bei, aber sie hätten auch gehört, dass es besonders gesund sein soll. Einer meinte, der Vorteil der Stöcke wäre, dass man damit angreifende Raubvögel und Hunde abwehren könne. Es wurde noch ein bisschen hin und her geredet, bis einer sagte: «Lass es uns doch einfach mal Ausprobieren.»

«Gut, eure erste Aufgabe ist, herauszufinden, wie diese Stöcke funktionieren und wer es schon weiß, hält sich bitte mit Ratschlägen für die anderen zurück.» Alle probieren, drehen und ziehen, manche suchen schon den besten Weg in die unterschiedlichen Schlaufen. Es macht Spaß, man hilft sich gegenseitig und kommt miteinander ins Gespräch. Schließlich stehen alle mit zwei Stöcken da, manche mit zwei rechten, andere dagegen mit zwei linken, aber das merken sie erst später und es stört daher auch niemanden. Genauso wenig wie die Tatsache, dass manche Stöcke zu kurz, andere dagegen zu lang eingestellt sind. Und der Coach gibt keinerlei Handlungsanweisungen.

«Wir versuchen jetzt, gemeinsam herauszufinden, was der Ursprung des Nordic Walking gewesen sein könnte, denn Nordic Walking ist vermutlich nicht am Schreibtisch ausgedacht worden, sondern beim Gehen entstanden. Wir machen uns jetzt auf die Spur und finden die Idee des Nordic Walking heraus.»
Alle machen sich auf den Weg, die meisten lustig entspannt, manche angespannt – sie hatten schon mal irgendwo gesehen oder gehört, wie es geht und versuchen es nachzumachen. Kurzer Halt und Austausch. Zwei Dinge sind uns aufgefallen: Man läuft aufrechter und schneller. Und schon geht es wieder weiter mit der Frage: «Was könnte eigentlich der Vorteil sein, am Stock zu laufen? Vergesst dabei alles, was ihr bisher gehört oder gesehen habt. Lasst einfach euren Körper gehen.»

Und wieder erforschen alle das eine Weile und beim nächsten Halt sprechen manche schon von bewussterem Rhythmus und ähnlichen Dingen. Zwischenzeitlich gab es auch einen Stopp, bei dem sich alle mit den Schlaufen befassten. Als wir dann die Wahrnehmung noch darauf lenken sollen, was eigentlich in den Stöcken drin steckt, sind sich alle einig: «Es ist ein deutlicher Unterschied, ob man mit oder ohne Stöcke geht. Die Arme werden mit beansprucht, die Muskeln im Oberkörper aktiviert, der Brustkorb geöffnet – eine wirkliche Alternative, um den Körper ganzheitlicher zu beanspruchen.»
Wir beginnen uns gegenseitig zu beobachten, indem jeder einen Kreis läuft, mal mit, mal ohne Stöcke und wir danach gemeinsam die Unterschiede austauschen. Nicht «richtig» oder «falsch» spielt eine Rolle, sondern was der Unterschied im Gang ist, ob mit oder ohne Stock. Einige Beobachtungen waren: Man geht mit Stock schneller, sicherer, zielgerichteter, energischer, den Blick in die Weite gerichtet, ohne Stock eher langsamer, Blick nach unten u.v.m.
Ob in dieser ersten Stunde das «richtige» Nordic Walking entdeckt wird, mag dahingestellt werden, genauso wie es sicherlich noch eine Reihe von Verbesserungsmöglichkeiten für diese Übungsstunde gibt. Was aber sicher ist, und darauf kommt es mir an, ist ...

- alle haben gelernt, mehr in den eigenen Körper hineinzuhorchen,
- spielerischer und leichter an die Aufgaben heranzugehen,
- beim Lernen Spaß zu haben und locker und entspannt zu bleiben,
- Lust weiterzumachen und weiterzuforschen.

Kann man sich als Lehrer, Trainer oder Führungskraft mehr wünschen? Lebendige, motivierte, neugierige Teilnehmer. Auch das eigene Wissen kommt (endlich) zum

Zug, da Fragen gestellt werden. Entscheidend ist dabei, dass jeder gemäß seinem inneren Spiel seinen eigenen Weg finden konnte, um herauszufinden, was denn das Wesentliche an dieser Bewegungsform sein könnte. Er muss sich nicht mit Äußerlichkeiten, mit Technik, mit richtig und falsch beschäftigen, sondern mit sich und der Bewegung. Dafür den passenden Spielraum zu geben, ist dabei das Wesentliche. Gemeint ist dabei Spielraum im Sinne von Freiheit und Platz sowie im Sinne von Spielen, spielerisch, spielend.

Diesen zu geben und sich mit seinem Wissen zurückzuhalten, obwohl man dauernd so genannte «Fehler» sieht, ist eine, wenn nicht die größte Herausforderung für alle Lehrenden.

«Lassen Sie sich beim Lernen nicht von Lehrern stören, auch wenn sie es gut meinen!»
Inner game Weisheit

2 DAS INNERE SPIEL

Vor vielen Jahren – wissenschaftliche Forschungen sprechen von sehr vielen Jahren – stapfte ein Mensch mühsam durch den tiefen Schnee einen Berg hinunter. Immer wieder versank er bis zu den Hüften im frisch gefallenen Pulverschnee. Er konnte nicht ahnen, dass sein Einsinken Generationen später zu einem Genuss führen sollte. Abends am Feuer klagte er wie schon so oft seiner Frau von dieser Schwierigkeit. Plötzlich kam ihr die Idee, dass sie seine Fußfläche vergrößern müsse, damit er nicht mehr einsank und am nächsten Tag band sie ihm zwei Bretter unter die Füße, bevor er losstapfte. Ich möchte die Geschichte hier etwas abkürzen. Nur soviel: Ihr Schwager war Schreiner, ihr Neffe Winzer und ihr Bruder Seifenhersteller. Mit dem Erfolg, dass Jahre später nichts mehr von Stapfen und Einsinken zu sehen war, sondern ein weißgepudertes Wesen in großen Schwüngen, beschwingt und nahezu schwebend den Berg hinuntersauste.
Ohne dass er es wusste, wurde der Mann dabei von einem Augenpaar beobachtet. Zum Glück war es kein Wolf, auch kein Schneebär, sondern es waren die Augen eines jungen Mannes, der einfach nicht glauben konnte, was er da sah. Irgendwann griff er sich ein Herz und sprach das Wesen an, als es fröhlich die gebogenen Holzbretter von den Füßen abband.
«Wie machst du das? Ich möchte das auch können», brach es aus ihm hervor.
«Ich, äh, keine Ahnung, ich fahre einfach den Berg hinunter.» Denn der «Skifahrer» wusste es tatsächlich nicht, hatte es ihm, der als allererster Mensch den Berg so hinunterfuhr, doch nie jemand erklären können.

Als er am nächsten Morgen wieder seine Biegebretter anband (Ski wurden sie damals noch nicht genannt, das kam erst danach, daher auch Aprés Ski) erinnerte er sich an den Jungen und dessen sehnsüchtigen Blick. Und er achtete bei der nächsten Abfahrt mal genau auf das, was er eigentlich tat beim Fahren. Und er bemerkte, dass er das Gewicht von einem Fuß auf den anderen verlagerte, dass er zum Schwung holen die Stöcke benutzte, dass er an einer bestimmten Stelle drehte und noch vieles mehr. Unten angekommen, war er stolz, herausgefunden zu haben, wie es geht und erzählte alles dem neugierig wartenden Jungen, der dankbar

zuhörte und alles in eine mitgebrachte Steintafel ritzte, welche als erster gültiger Skilehrplan in die Analen einging.
Aber als er es dann selbst ausprobierte, musste er feststellen, dass ihm das überhaupt nichts nutzte. Als der andere das merkte, erzählte er noch mehr und immer mehr und wenn er nicht ritzte, übte der Junge weiter. Und siehe da, nach ein paar Jahren konnte er Ski fahren, was er auf den Inhalt seiner Steintafeln zurückführte.

Bei einer Fortbildung für Skilehrer forderte ich diese auf, einem Freiwilligen aus den eigenen Reihen zu sagen, was er machen soll, damit es eine Kurve gibt. Sie dürften alles sagen, nur nicht: «Mach eine Kurve», weil das eine unpräzise Anweisung ist. Und der Freiwillige, der ja ein sehr guter Skifahrer ist, sollte nur genau das ausführen, was ihm gesagt wurde. Eher gelangweilt kamen die ersten Anweisungen, die er alle umsetzte. Als er immer weiter geradeaus fuhr, stieg sichtlich die Spannung und die Inputs bekamen Befehlscharakter. Aber nichts tat sich, er fuhr immer weiter geradeaus (das war noch vor den Carving Ski, in denen die Kurve ja bekanntlich drinsteckt). Die Skilehrer glaubten es nicht, dass ihre Anleitung, die ja komplett im Skilehrplan abgedruckt war, nicht zur Kurve führen sollte. Aber als Versuche von anderen zum genau gleichen Ergebnis führten, war es offensichtlich. Alles, was sie sagten, ist zwar beobachtbar, wenn jemand eine Kurve macht, es nacheinander auszuführen, führt aber nicht zur Kurve.

Es gab lange Diskussionen, die noch weit in den Abend hineinführten und schließlich zu folgendem Fazit kamen:

1. Erst gab es das Skifahren, dann kam die Beschreibung der Abläufe und dann erst die Skilehrer. Zuerst hat sich aus dem Wunsch heraus, möglichst leicht durch den Schnee zu gleiten, das Skifahren entwickelt, und dann erst kam jemand und hat sich das näher angeschaut und in Einzelteile zerlegt.
2. Der Körper fährt Ski, nicht der Kopf. Das verbale Erklären der auseinander genommenen Bewegungsabläufe – sozusagen von Kopf zu Kopf – und anschließendes Zusammensetzen in fließende körperliche Bewegungsabläufe ist nicht nur umständlich, sondern aufgrund der Komplexität von Bewegungen auch nicht wirklich möglich.
3. Man kann auch ohne Lehrer lernen, manchmal sogar deutlich leichter und schneller.

WAHRNEHMEN STATT DURCHNEHMEN

«Nur wenn ich etwas merke, kann ich es ändern!»
Inner game Weisheit

Die Wahrnehmung zu erweitern und vor allem auch nach innen zu richten, ist eines der Ziele beim Lernen mit inner game. Man lernt dabei, wieder auf sich selbst zu hören und alle Sinne dafür einzusetzen. Allein dadurch, dass Sie beim Tun etwas bemerken und Ihre Wahrnehmung darauf lenken, beginnen Sie zu lernen. Es erhellt sich so wie eine Stelle im Dunkeln, die von dem Lichtkegel einer Taschenlampe angestrahlt wird.
So können wir unsere Wahrnehmung gezielt ausdehnen. Sie können auf Ihre Atmung achten, in Ihrem Körper nach Verspannungen spüren, darauf achten, wie sich etwas anfühlt. Lenken Sie Ihre Wahrnehmung beispielsweise darauf, sich wie eine Katze zu bewegen, werden sich Ihre Bewegungen verändern. Wenn Sie mit lachenden Knien joggen, wird sich Ihre Art zu laufen verändern. Oder Sie lenken Ihre Wahrnehmung auf vergangene schöne Erlebnisse und schon kann sich Ihre Befindlichkeit ändern.

Mit den vielen Wahrnehmungsmöglichkeiten zu spielen, führt zwangsläufig zu einer Erweiterung der eigenen Spielräume. Dabei merkt man dann auch, welchen Begrenzungen der bisherige Blick ausgesetzt war. Denn in der Regel sind wir es gewohnt, auch unterstützt durch unsere Umwelt, unsere Wahrnehmung eher auf Negatives zu richten, auf das, was nicht funktioniert, was man nicht kann, was hindert. Achten Sie in Ihrem Umfeld einmal darauf, wie schnell Menschen dabei sind zu beweisen, warum etwas nicht geht. Wenn Sie beispielsweise eine ungewöhnliche Idee haben und davon erzählen, werden Sie oft so viel zweifelnden «Zuspruch» bekommen, dass Sie sich möglicherweise überzeugen lassen und Ihre Idee ebenfalls für unrealistisch halten.

Nicht nur beim Lernen sind wir gewohnt, unsere Wahrnehmung hauptsächlich auf Äußerlichkeiten zu richten, darauf, wie etwas zu sein hat, wie es aussieht, was andere dazu meinen – nicht aber darauf, was in uns im Moment vorgeht. Die starke Fixierung auf das Äußere, auf das Sichtbare, Greifbare, Messbare führt dazu, dass unsere Wahrnehmung von dem, was in uns abläuft, immer mehr verkümmert. Mögliche Folgen sind zum Beispiel Überarbeitung, weil wir nicht merken, wann es uns zuviel wird, das Bedürfnis nach immer mehr äußeren Reizen und Ablenkungen, weil wir innerlich abgestumpft sind, Krankheiten, deren Entstehung nicht wahrgenommen wurde, fehlendes Selbstvertrauen, weil wir keinen Zugang zu unseren eigenen Kräften und zur Lebensfreude mehr haben. Kurz, vieles wird nicht wahrgenommen, obwohl es vorhanden ist.

Wenn Sie Ihre Wahrnehmung mehr und mehr ausdehnen, können Sie interessante Erfahrungen machen. Das, was man zunächst glaubt, was von Bedeutung ist, wird plötzlich völlig unwichtig, oberflächlich, flach und tritt weit hinter das Wesentliche zurück. Ein einfaches Beispiel:

Mein Sohn sagte neulich: «Ich hasse Französisch!» Sicherlich eine recht harte Aussage, die aber durchaus auch von anderen Schülern in Bezug auf manche Fächer gemacht wird, die sie, vorsichtig ausgedrückt, nicht besonders leiden können. Auf der anderen Seite steht der Französischlehrer, der in Bezug auf Französisch vermutlich eine gegenteilige Meinung hat. Also gibt es eine Sache, nämlich Französisch und zwei denkbar unterschiedliche Betrachtungsweisen. Geht man der Sache (Französisch als Fach) auf den Grund, stehen da Vokabeln, die mein Sohn nicht lernt, Grammatik, die er nicht versteht und Tests, die ihm mit farbigen – in der Regel roten – Anmerkungen und Ausrufezeichen ohne Punkt bestätigen, dass er mit seiner Einschätzung recht hat. Statt sich deshalb zu hassen, lenkt er es auf das Fach. Wie das üblicherweise weitergeht, ist jedem bekannt. Meist ist es zäh und selten endet es mit fließender französischer Konversation.

Unlust im sinnlosen Pauken von Vokabeln und kompliziertes Zusammensetzen derselben zu Sätzen ist eine natürliche und gesunde Reaktion. Aber eine Sprache kann man nicht hassen und es ist einfach schade und für manche auch tragisch, wenn man sich aufgrund schlechter Gefühle nicht auf das spannende Abenteuer «Lernen» einlassen kann.

■ DAS SPIEL MIT GRENZEN

«Inner game heißt, die Leichtigkeit eines Steines und die Schwere einer Feder zu spüren!»
Ein Seminarteilnehmer

Wohin bauen Sie die Sandburg am Meer? Nicht in die langweilige Sicherheit hinter den Dünen, sondern dorthin, wo Sie mit der Flut «kämpfen» müssen, die langsam steigt und schließlich alle Bemühungen nach ewigem Leben der Sandburg zunichte macht. Da ist das Leben, die Lebendigkeit und genau das ist auch das, was Sie als Kind immer wieder von neuem Gehversuche machen ließ.

Und genauso lebendig, durch das Herangehen an Grenzen ist jegliche Form des heute vorhandenen Wissens entstanden, weil ein Mensch sich an eine Grenze heranwagte und trotz aller ihn umgebenden Zweifel und Zweifler dranblieb, bis sich die Grenze auflöste bzw. verschob. Unvorstellbar, welche Glücksmomente hinter trocken daherkommenden Formeln irgendwann einmal bei demjenigen standen, dem diese Grenzüberwindung eine Herzensangelegenheit war. Jegliches heute vorhandene Wissen wurde demnach nicht erfunden, erforscht, entdeckt, um anderen beim Lernen das Leben schwer zu machen. Im Gegenteil, es war in irgendeiner Form eine Herzensangelegenheit, etwas Wesentliches zum Überleben oder etwas, was das Leben erleichtern sollte, zu entdecken.

Heute bewegen wir uns beim Lernen dagegen meist in einem übersättigten Raum weit entfernt von belebenden Grenzen. Wissen ist nicht knapp, es überflutet uns, was gibt es schon zu entdecken, man bekommt ungefragt alles serviert und wird dadurch satt, träge und dick. Wozu sich dann noch auf den Weg machen, um selbst etwas zu erforschen. Da ist es einfacher, sitzen zu bleiben (im doppeldeutigen Sinn) und den armen Lehrer, der versucht «trockenes» Wissen mit allerlei Sößchen schmackhaft zu machen, auch noch zu belächeln oder gar zu kritisieren.

KEINE ANTWORT OHNE FRAGE

Einst gab es nur Fragezeichen. Sie lebten harmonisch und glücklich auf der einen Seite eines großen Hügels zusammen. Weil die Fragen sehr viel Spaß am Fragen hatten, vermehrten sie sich ständig: Es gab ernste Fragen, lustige Fragen, lange Fragen, kurze Fragen, tiefsinnige Fragen, oberflächliche Fragen. Aber irgendwann kam der Zeitpunkt, da gingen ihnen die Fragen aus. Da standen sie auf ihren hügelähnlichen Erhebungen und stellten die alles entscheidende Frage, die die Welt verändern würde, nämlich «Was ist denn auf der anderen Seite der Hügel, die unsere vielen Fragen aufgeworfen haben?» Und sie begannen sich zu recken und zu strecken, um über die Hügel hinauszuschauen. Länger und länger dehnten sie ihre Hälse und plötzlich sprang eines der lang gestreckten Fragezeichen juchzend den Berg hinunter. Aber es war kein Fragezeichen mehr, es war nur noch ein Strich mit

einem Punkt und weil es so laut rief und juchzte, sagten die anderen zu ihm, das muss ein Ausrufezeichen sein. Und so begannen auch andere Fragezeichen sich zu recken und zu strecken und als Ausrufezeichen die Hügel hinunterzulaufen.
Von da an gab es auf der einen Seite der Hügel nach oben laufende Fragezeichen und auf der anderen Seite nach unten rennende Ausrufezeichen, und das Leben wurde noch spannender und lustiger. Die Fragen, die den Hügel hinaufführten, bekamen Antworten, die wieder den Hügel hinunterführten. Die Ausrufezeichen vermehrten und vermehrten sich, und es gab bald mehr Ausrufezeichen als Fragezeichen.
Da geschah Folgendes: Die Ausrufezeichen sagten, wir brauchen keine Fragezeichen mehr, weil wir schon alles wissen. Wir wissen, was richtig ist, wir wissen, wie es geht, wir wissen, was zu tun ist, wir müssen niemanden mehr fragen. Das braucht nur Zeit und hält auf. Und so wurden die Fragezeichen immer mehr in den Hintergrund gedrängt, und im Laufe der Zeit gerieten die Fragen mehr und mehr in Vergessenheit. Und damit natürlich auch das Wissen über ihre Herkunft. Bald waren sich alle einig, dass Fragen etwas Unwichtiges seien. Aber nicht nur das, es wurde mehr und mehr verpönt, überhaupt noch Fragen zu stellen und schließlich ganz verboten. Da aber ohne neue Fragen kein neues Wissen mehr entstand, drehten sich die Ausrufezeichen immer mehr im Kreis und gaben ihre einfachen und oft banalen Wahrheiten weiter, ohne dass es jemanden wirklich interessierte. Es gab keine Frage dazu, das jauchzende Ausrufen beim Herunterlaufen des Berges war weggefallen, es gab auch keine Berge mehr, bis auf diesen einen in der Ferne, von dem man sich erzählte, den aber noch niemand gesehen hatte und nach dem zu forschen streng verboten war.
So rasten die Ausrufezeichen lang gestreckt, dünn und mit blassen Gesichtern durch die Gegend, und keiner schien zu wissen, warum eigentlich. Und Fragen stellte auch keiner. Es gab keine Fragen mehr.
Eines Tages trafen sich heimlich einige Ausrufezeichen lange vor Sonnenaufgang, um sich auf den Weg zu dem verbotenen Hügel zu machen. Sie hatten gehört, dass es dahinter noch einige wenige Fragezeichen geben sollte. Sie wussten, dass das verboten war. Sie wussten auch, dass sie sich nicht einmal die Frage «Was hinter dem Hügel wäre», stellen durften, und das ließ manche sich zusammenkrümmen. Aber je mehr sich die Frage breit machte, umso stärker wurde die Anziehungskraft. Und als sie am Fuße des Hügels ankamen, begannen die ersten hinaufzusteigen und siehe da, es passierte nichts Schlimmes. Und als sie oben angekommen waren, wussten sie, was sie wirklich wollten. Sie wollten wissen, was jenseits der ganzen Wahrheiten ist, hinter die sie ständig ihr Zeichen setzen mussten.

Und als sie nun oben auf dem Berg standen, sahen sie weit unten das Land der Fragezeichen, das nur noch wenig bevölkert war. Sie ahnten, dass das ihr Ursprung sein musste, woher sie vor langer Zeit gekommen waren. Und vor lauter Aufregung stolperten sie und rollten den ganzen Hang hinunter. Dabei entdeckten sie eine neue Beweglichkeit, und unten angekommen, waren sie wieder in der Lage, die Form der Fragezeichen einzunehmen. Von diesem Moment an konnten sie ihre Form wählen. Ein neues Spiel entwickelte sich und führte zu einer neuen Form, dem Ausruhezeichen. Als Fragezeichen liefen sie so lange der Frage nach, bis sie sich langsam zu einer Antwort streckte und schließlich als Ausrufezeichen stoppte, gefolgt von einem erholsamen Schläfchen als Ausruhezeichen, einem schlichten Kreis mit einem Punkt in der Mitte.
Als Kind waren wir erfüllt von Fragen, die von innen kamen. Es ging um die Entdeckung der Welt. Alle waren wir Entdecker und viele Wunder sind uns begegnet. Eines der größten war das spannungsvolle Erfülltsein von Fragen.

Es kam dann eine Zeit, in der mehr und mehr Antworten gegeben wurden, ohne dass man gefragt hätte. Das ist in der Schule so, aber auch in Vorträgen, Seminaren und Konferenzen wird sehr viel erzählt, ohne dass es jemanden interessiert. Es sind oft Inhalte, Worte, Sätze und Aussagen, die nur den Redner selbst interessieren. Das führt dazu, dass man irgendwann aufhört, Fragen zu stellen und schließlich gibt man sich der Gewohnheit hin, ungefragt Antworten zu bekommen. Das eigentlich Schlimme daran ist, dass man dadurch verlernt, Fragen zu stellen und umgekehrt natürlich ständig Antworten erwartet.

Gewohnt, sein Leben lang Antworten zu bekommen, ohne gefragt zu haben, reduziert sich der Fragewortschatz schließlich auf Fragen wie «Wie geht das?», «Was muss ich tun, damit ...?» Das sind «schwache» Fragen, schwach deshalb, weil sich der Fragende auf eine schwache Ausgangsbasis stellt. Er meint, ohne Hilfe nicht weiterzukommen, er möchte gesagt bekommen, wie es geht. Er übergibt dem Antwortenden die Macht, aber auch die Verantwortung für das Gelingen. Er macht sich die Sache nicht zu eigen, sondern lässt sich von außen bedienen in der scheinbar bequemen Meinung, dass es dadurch leichter ginge.

Spannend dagegen sind die so genannten «starken Fragen», die man im Wesentlichen sich selbst stellt und nur dann einem Lehrer, wenn man wirklich Unterstützung braucht.

Solche Fragen sind z.B.:

- Was will ich damit erreichen?
- Brauche ich das wirklich, und wenn ja wozu?
- Woher beziehe ich meine Motivation?
- Was gibt, was nimmt mir Kraft?
- Was ist für mich der Schlüssel, der es mir leichter macht?
- Was kann ich an der Grenze, an der es scheinbar nicht weitergeht, lernen?
- Was kann ich aus der Situation lernen?
- Wie kann ich mich mit allen Sinnen, mit dem ganzen Potenzial der Sache widmen?

Solche und ähnliche «starke» Fragen führen mit der Zeit zu einer erheblichen Erweiterung der Wahrnehmung und es tut sich plötzlich eine ungeheure Vielfalt von Möglichkeiten auf, wie man an etwas herangehen kann. Wenn man diesen Weg einschlägt, wird man immer autarker und unabhängiger von Lehrern, denn es macht zunehmend mehr Spaß, Dinge selbst herauszufinden. Und die Kreativität und die Fähigkeiten wachsen ständig. Lernen ist nicht von außen aufgesetzt, sondern findet in einem selbst statt. Auch auf diesem Forschungsweg gibt es natürlich Stellen, an denen ein Lehrer sehr nützlich ist, kann er doch zu einem Lernsprung verhelfen oder vermeiden, dass man in eine Sackgasse gerät.

Das folgende Beispiel ist aus einem inner game Seminar. Die Teilnehmer hatten das Jonglieren mit drei Tüchern gelernt und übten jetzt jeder für sich mit Bällen. Der Dialog begann zunächst mit einer schwachen Frage:

Teilnehmer: Wie geht das, Jonglieren mit drei Bällen?
inner game Trainer: So (und machte es vor)!
TN: Ja, ich weiß, aber wie geht das bei mir?
IGT: Auch so!
TN: Bei mir geht es aber nicht!
IGT: Woran merken Sie das?
TN: Die Bälle fallen immer runter!
IGT: Was fällt Ihnen dabei auf?
TN: Mit den Tüchern vorhin ging es so gut!
IGT: Wieso machen Sie es nicht wie mit den Tüchern?
TN: Weil die Bälle viel schneller sind.

IGT: Sie wollen sagen, Sie haben zu wenig Zeit?

TN: Ja, ich glaube schon.

IGT: Experimentieren Sie einmal mit der Zeit. Beginnen Sie mit einem Ball und finden Sie heraus, welche Möglichkeiten Sie haben, ihn so zu werfen, dass Sie das Gefühl haben, Zeit zu haben.

Der Teilnehmer probiert eine Weile und kommt dann wieder:

TN: Ich habe jetzt viel mehr Zeit, weil ich die Bälle höher werfe. Es geht auch gut mit zweien, aber wenn ich den dritten dazunehme, geht es nicht mehr.

IGT: Was genau ist Ihre Frage?

TN: Ich möchte herausfinden, warum es nicht geht!

IGT: Zeigen Sie uns einmal, wie es nicht geht!

Der Teilnehmer macht einen Versuch. Einmal gelingt es, dann fallen die Bälle wieder herunter.

TN: Sehen Sie, es klappt nicht!

IGT: Aha.

TN: Was heißt Aha?

IGT: Ist Ihnen aufgefallen, dass es einmal geklappt hat?

TN: Ja, aber nur einmal, aber das hat ja nichts zu bedeuten.

IGT: Dass es Ihnen einmal gelungen ist, ist der Beweis, dass es auch mehrmals hintereinander geht. Aber statt sich über das eine Mal zu freuen, und sich zu fragen, warum es das eine Mal ging, konzentrieren Sie sich auf das Runterfallen.

TN: Ja, aber ich lasse den Ball in der Hand nicht los.

IGT: Was meinen Sie damit?

TN: Ich habe nach einer Runde den Ball in der Hand und die lässt nicht los.

IGT: Lenken Sie Ihre Wahrnehmung einmal in Ihre Hand, genau in dem Moment, wo sie nicht loslässt.

TN: (jongliert bis dahin und lässt los.) Jetzt geht es doch, aber jetzt ist es die andere Hand.

IGT: Ihre Hände können demnach loslassen, das ist bewiesen. Jetzt achten Sie einmal darauf, wie es Ihnen dabei geht. Nichts ändern, einfach nur wahrnehmen.

TN: Ah, ich habe gerade gemerkt, dass ich beginne die Luft anzuhalten und mich so auf das Gelingen konzentriere, dass ich dabei vergesse, den Ball loszulassen. Was kann ich tun, um loszulassen?

IGT: Sie haben es selbst gerade gesagt! Atmen!

TN: Aha!

Solche Dialoge gibt es immer wieder, nicht nur beim Jonglieren oder anderen körperlichen Aktivitäten. Auch bei Themen wie Kommunikation, Menschenführung oder Verkaufen werden immer wieder Fragen gestellt, obwohl der Fragende die Antworten schon in sich trägt und eigentlich nur in sich hineinhorchen muss, um sie zu finden.
Unser Teilnehmer aus obigem Beispiel hat nicht nur das Jonglieren gelernt. Er hat herausgefunden, wie man starke Fragen stellt, die das Lernen fördern und er hat seine Wahrnehmung erweitert. Das heißt in diesem Fall, er hat bemerkt, wann er festhält, wann nicht, und dass er auf seine Atmung achten muss. Er hat auch gemerkt, dass Hürden und scheinbarer Misserfolg vorangegangene Erfolge überlagern und er dann schnell seine Kräfte verliert und sich anspannt. Denn jeder jongliert so, wie er lebt!

An dieser Stelle möchte ich Ihnen ein eigenes kleines Erlebnis schildern, um das Thema «starke Fragen» zu verdeutlichen. Vor einigen Jahren hatte ich mir ein Surfbrett geliehen und stand etwas wackelig darauf. Ich hatte schon einige Versuche hinter mir, aber für den Wind an diesem Tag reichte mein Können bei weitem nicht. Und so war ich mehr im Wasser als auf dem Brett. Irgendwann fiel mir auf, dass mir vom Ufer her jemand interessiert zusah. Schließlich paddelte ich zu ihm ans Ufer, und als sich herausstellte, dass er ein Spezialist war, bat ich ihn um einen Tipp. Sofort legte er los, sagte mir, was ich alles falsch machte und dass es ohnehin bei dem Wind zu schwierig für mich sei. Ich unterbrach schließlich seinen Redefluss mit den Worten: «Sie haben mir doch jetzt eine ganze Weile zugeschaut, was würde mir denn Ihrer Meinung nach am meisten helfen? Aber bitte, nennen Sie mir nur eine einzige Sache!» Und er sagte mir, ich solle mich mit meinem ganzen Gewicht hineinhängen und keine Angst davor haben, hinten herunterzufallen. Man könne sich viel stärker reinhängen, als man als Anfänger denkt! «Lasse los und vertraue!», übersetzte ich das für mich, paddelte wieder hinaus und hatte tolle Erfolgserlebnisse. Es ging nicht nur viel besser, ich brauchte auch weitaus weniger Kraft. Ich genoss es und als ich an meine nächste Hürde, das Wenden, kam und auch da einige Versuche gemacht hatte, paddelte ich wieder ans Ufer zu meinem Lehrer, der die ganze Zeit zugeschaut hatte. Er freute sich mit mir, dass es so gut geklappt hatte und meinte, ich sei begabt. (Ja, ja, so ist das: Wenn man die Dinge gut macht, die einem ein Lehrer sagt, ist man gleich begabt ...)
Also fragte ich ihn nach dem nächsten Tipp, was er glaube, worauf es in meinem speziellen Fall bei der Wende ankäme. Welcher Tipp würde mir am meisten nutzen? Wieder gab er mir einen sehr treffenden Hinweis, und so ging das dann noch

eine Weile weiter. Als ich nicht mehr konnte, fuhr ich erschöpft, aber locker zu ihm hin und er meinte, einen Schüler, der so schnell lernt, hätte er noch nie gehabt. Tja – nur liegt das nicht an der Begabung, sondern daran, dass die starke Frage mit der hilfreichen Antwort zum richtigen Zeitpunkt wesentlich wertvoller ist als das übliche Überladen mit unverwertbarem Wissensballast.

Am einfachsten ist das für Lehrende, indem Sie zu Beginn die einfache Frage stellen: «Welche Fragen habt ihr?» Da das für die «Lernenden» ungewohnt ist und sie aus Gewohnheit auch zweifeln, ob sie wirklich ernst gemeint ist – es könnte ja eine rhetorische Frage sein – kann dieser Frage aller Fragen Schweigen folgen. Das wiederum gehört auch nicht zu den Gewohnheiten, warum sich viele Lehrende dann wieder bemüßigt fühlen, ungefragte Antworten zu geben mit der Begründung: «Die sagen ja nichts!» Diese Stille auszuhalten und abzuwarten ist sicher eine große Herausforderung für viele Lehrende. Wenn Sie sich aber bewusst sind, dass dieser äußeren Stille ein sehr reger innerlicher Dialog gegenübersteht, ist das viel einfacher auszuhalten. Und wenn die Lernenden dann irgendwann wieder gelernt haben, Fragen zu stellen und darin vertrauen, dass diese auch wirklich gewünscht sind, wird die Stillephase immer kürzer. Die Folge ist, dass alle beteiligt sind, die Themen interessant und bewegend bleiben und keine Motivation von außen stattfinden muss. Es ist genauso einfach wie unüblich!

«Fragen sind wie Geschenke. Wenn man sie aufmacht, sind Antworten drin!»
Ein Seminarteilnehmer

FEHLER ZEIGEN NUR, WAS FEHLT

Zum ersten Mal hält er einen Bogen in der Hand und legt einen Pfeil ein. Der Blick richtet sich aufs Ziel, die anderen Seminarteilnehmer sind genau so gespannt wie seine Sehne. Erwartungsvoll fliegt der Pfeil – daneben. Na, ja. Zweiter Versuch, die Spannung wächst, der Pfeil fliegt – daneben. Aber jetzt, dritter Versuch, hohe Konzentration, noch höhere Spannung, der Pfeil surrt – weit daneben. Enttäuschtes Gesicht.

Der nächste ist dran. Erwartungsvoll fliegt der Pfeil – daneben. Na, ja. Zweiter Versuch, die Spannung wächst, der Pfeil fliegt – daneben. Aber jetzt, dritter Versuch, hohe Konzentration, noch höhere Spannung, der Pfeil surrt – er trifft mitten rein – Freude, Beifall der anderen.

Eigentlich eine ganz normale Geschichte, dabei drückt sie die ganze Tragik aus, die unser gewohntes Denken in Bezug auf das Lernen begleitet, nämlich: «Ich habe zwar noch nie einen Pfeil geschossen, ich muss aber von Anfang an treffen. Daher bin ich enttäuscht, wenn ich danebenschieße und glücklich, wenn ich treffe.»
Im zweiten Durchgang der beiden Schützen geschah dann Folgendes:

Erster Schütze: Unbeachtet von den anderen schießt er konzentriert seine drei Pfeile und stellt eine Annäherung fest – besser als beim ersten Mal, zufriedenes Gesicht.

Zweiter Schütze: Alle schauen zu, selbstsicher legt er den ersten Pfeil ein, spannt den Bogen, der Pfeil fliegt – weit daneben. Kann ja mal passieren, zweiter Versuch, noch weiter daneben – enttäuschtes Gesicht, rätselnder Blick auf den Bogen, sichtbare Zweifel, leicht ironische Sprüche der anderen. Auch der dritte Pfeil geht daneben.

Auch hier wieder ein paar interessante Rückschlüsse:

Das innere Spiel des ersten Schützen:

Nachdem er die Realität akzeptiert hat – danebenschießen gehört offenbar zum Lernprozess – geht er konzentriert und gelassen an die Sache heran. Er schaut mehr auf sich und sein inneres Spiel, das äußere interessiert nicht so. Er lernt! Dabei achtet er auf das, was funktioniert und das, was weniger funktioniert und zieht daraus Konsequenzen. Kleine positive Veränderungen zeigen ihm, dass er auf dem richtigen Weg ist.

Das innere Spiel des zweiten Schützen:

Aus dem Treffer in der ersten Runde leitet er den Anspruch ab, dass sich das wiederholen lässt. Richtig ist zu treffen, falsch ist nicht zu treffen. Er trifft nicht, kann passieren. ER ist fixiert auf den Erfolg, es gibt nur treffen oder nicht treffen. Eine Negativspirale wird in Gang gesetzt. Während es ihm immer schlechter geht, führt sein verspannter Körper zu immer größeren Abweichungen. Lernen kann nicht stattfinden.

Ein gutes Beispiel, wie die frühe Fixierung auf Erfolg diesen langfristig verhindern kann. Deutlich wird dabei, dass die Glaubenssätze die eigentlichen Fehler sind. Was wir normalerweise als Fehler bezeichnen – das Danebenschießen – sind in Wirklichkeit keine Fehler. Es sind lediglich Rückmeldungen, die uns zeigen, dass das, was wir eigentlich wollen, von dem, was wir tatsächlich erreichen, abweicht. Diese Fehler zeigen, was fehlt, zum Beispiel die leichte Korrektur nach rechts oder links. Und wenn ich dieses «Fehlen» erkenne, kann das Lernen beginnen, indem ich daraus Konsequenzen ziehe.

Kein Mensch macht absichtlich Fehler, sondern hält das, was er macht, für richtig. Hielte er es für falsch und würde es demnach als Fehler erkennen, würde er es ändern. Kein Kind rechnet absichtlich falsch oder schreibt absichtlich ein Wort falsch, niemand schlägt beim Tennis absichtlich daneben oder lässt beim Jonglieren absichtlich den Ball fallen und kein Mensch nimmt sich morgens vor, dass er heute bei der Arbeit wieder Fehler macht. So gesehen macht niemand einen Fehler, denn er hält das, was er tut, in dem Moment für richtig.

Wenn Sie das akzeptieren und damit wissen, dass Sie keine Fehler machen, befinden Sie sich in der glücklichen Lage, alles richtig zu machen. So richtig zu machen, wie es Ihnen im Moment möglich ist. Dabei stellen Sie Abweichungen zum Ziel fest oder werden darauf durch Feedback hingewiesen und freuen sich darüber, weil nur dadurch, dass Sie es merken, eine Änderung möglich ist. Durch das unmittelbare Feedback – Pfeil neben der Scheibe – lernen Sie etwas und können daraus Verhaltensänderungen ableiten, indem Sie beispielsweise den Bogen tiefer halten. Und das Ganze in einem entspannten Zustand, weil auch Anspannung Lernen verhindert.

Es gibt allerdings doch eine Art Fehler, nämlich, nicht aus dem Feedback der Abweichung zu lernen! So kommt es vereinzelt vor, dass jemand beim Bogenschießen nach einer längeren Lernphase immer noch recht häufig über das Ziel hinausschießt und schließlich sagt, die Zielscheibe müsse höher stehen. Statt bei sich eine Korrektur von weniger als einem Zentimeter vorzunehmen, würde der Betreffende eher den Aufwand betreiben, die Zielscheibe höher zu stellen. Interessanterweise sind das häufig Führungskräfte, die nicht bei sich selbst die Ursache für die Abweichung sehen, sondern außerhalb von sich selbst. In diesem Fall ist die zu niedrig stehende Zielscheibe schuld. In anderen Fällen ist es das schlechte Wetter, der stumpfe Schnee, der alte Schläger, der Kollege, der Chef, die Wirtschaftslage, die Mitarbeiter usw.

Wenn man beginnt, Fehler nicht mehr als Fehler anzusehen, stellen viele fest, dass die Angst, Fehler zu machen, ein ständiger Begleiter war. Dies hatte zur Folge, dass man ständig versucht hat, Fehler zu vermeiden, was zwangsläufig dazu führte, dass man wieder Fehler machte usw. Das ist ein Teufelskreis und die einzige Chance, keine Fehler mehr zu machen, liegt schließlich darin, gar nichts mehr zu tun. Und um das zu begründen, sagt man dann einfach: «Das kann ich nicht», oder «Da bin ich unbegabt.»

Scheitern im Sinne von Aufgeben gibt es nicht, «Fehler» werden als Lernchance betrachtet und Sie werden ein Meister, der übt!

«Ich sage nie mehr: Das schaffe ich nicht.»
Ein Seminarteilnehmer

DIE EROTIK DES VERSAGENS

Es gab einmal einen Menschen, der konnte so viel und es fiel ihm so leicht, alles zu lernen, dass er unbedingt einmal erleben wollte, wie es ist, etwas nicht zu schaffen, zu scheitern. Und da er schon manches Mal erlebt hatte, dass er nicht so geschickt mit den Händen war, wählte er das Jonglieren. Man hatte ihm gesagt, dass das äußerst schwierig sei, und daher hielt er es für ein gutes Übungsfeld.
Voller Tatendrang besorgte er sich drei Bälle und fing an zu üben. Er warf die Bälle in die Luft und freute sich darüber, wie sie auf den Boden purzelten, hob sie auf, warf sie wieder in die Luft, um sie anschließend wieder vom Boden aufzuheben. Er war glücklich darüber, dass ihm das Jonglieren nicht gelang, ja, es machte ihm viel Spaß, immer wieder die Bälle einzusammeln.
Aber halt, was war das? Plötzlich lagen nur noch zwei Bälle auf dem Boden und einen hielt er in der Hand! Wie konnte das geschehen? Er machte weiter und immer wieder kam es vor, dass er einen Ball in der Hand hielt. Aber einen Ball fangen ist ja nicht Jonglieren, und so war er immer noch sehr zufrieden mit sich. Er fuhr fort und es dauerte nicht lange, da hatte er zwei Bälle in der Hand und nur noch ein Ball lag auf dem Boden. Da zog sich in ihm alles zusammen. Würde es wieder nicht klappen, das Scheitern zu lernen? Er war frustriert, wollte aber noch ein paar Versuche machen. Zaghaft, an sich zweifelnd und voller Beklemmung warf er also die Bälle noch einmal in die Luft und siehe da, sie fielen wieder alle auf den Boden. Er machte es noch ein paar Mal und als sie immer wieder auf den Boden fielen,

begann er sich wieder zu freuen und alle Anspannung fiel von ihm ab. Er würde es schaffen zu scheitern.
Kaum hatte er begonnen, sich wieder richtig zu freuen, hatte er schon wieder zwei Bälle in der Hand und kurz darauf flogen alle durch die Luft, ohne dass einer auf den Boden fiel. In diesem Augenblick kam ein Freund ins Zimmer und sagte: «Mensch, du kannst ja jonglieren, was du nicht alles kannst!» Daraufhin legte er die Bälle weg und erzählte seinem Freund, was er vorgehabt hatte und was dabei herausgekommen war. Und gemeinsam fanden sie heraus, dass man nur dann richtig gut scheitern kann, wenn man sich ordentlich verkrampft, wenn man an sich zweifelt, wenn man die Luft anhält, wenn man Angst hat, Fehler zu machen, wenn man die Dinge nicht loslässt. Etwas traurig, es wieder nicht geschafft zu haben, saß er da, als sein Freund plötzlich sagte: «Du hast es eben doch geschafft, du bist gescheitert an dem Versuch zu scheitern und hast dabei auch noch Jonglieren gelernt. Herzlichen Glückwunsch!»
Es mag provozierend, ja gar widersprüchlich klingen, aber die Erotik des Versagens oder die Lust am Scheitern ist ein wesentlicher Faktor, um erfolgreich zu sein. Denn sie führt vor allem zu einem: Die Angst zu scheitern verschwindet.
Umgekehrt führt die weit verbreitete Fixierung auf den Erfolg zu gegenteiligen Phänomenen. Hier liegt der unbedingte Wille, erfolgreich zu sein, zugrunde. Misserfolg wird als schlecht, als negativ angesehen und alle Kräfte werden eingesetzt, um ihn zu vermeiden. Fehler zu machen ist nach dieser Grundhaltung ebenso wenig erlaubt, wie das Misslingen schlechthin. Erfolg wird zu einem Götzen, dem man kritiklos nachjagt.
Erfolg ist gut, Misserfolg schlecht. Das führt oft so weit, dass die Realisierbarkeit von Zielen überhaupt nicht mehr geprüft wird. «Wir müssen Erfolg haben, koste es, was es wolle.» Diese starre Fixierung auf den Erfolg führt genauso zu Verkrampfungen wie die Vermeidung von Misserfolg. Außerdem ist dieser Druck auf Dauer so belastend, dass der Misserfolg vorprogrammiert ist.

Die landläufige Meinung ist, dass allein der Erfolg mit Glück verbunden ist. «Wenn ich dieses und jenes erreicht habe, bin ich glücklich», oder «Wenn ich so gut bin wie jener dort, dann bin ich glücklich!» Dabei passiert Folgendes: Zum einen richtet man seinen Blick wieder ausschließlich auf den zukünftigen Erfolg und ärgert sich unterwegs über jedes scheinbare Scheitern. Man hadert mit sich. Und wenn man schließlich am Ziel angekommen ist, bleibt nur ein fades Gefühl. Keine Spur von Glücklichsein. Kein Wunder – bei dem schrecklichen und anstrengenden Weg, den man bis dahin gegangen ist.

Bei einem Skiseminar mit einer Gruppe von Anfängern habe ich die Teilnehmer einmal anderen Skifahrern zuschauen lassen, mit der Aufforderung: «Zeigt mir Skifahrer, die so gut fahren, dass ihr sehr glücklich wärt, wenn ihr das jetzt auch so könntet.» Und sie zeigten auf diesen und jenen Skifahrer. Als ich meine Teilnehmer dann fragte, ob diese Skifahrer denn glücklich wirkten, stellten sie fest, dass kaum einer wirklich glücklich aussah. Im Gegenteil, teils verbissen, teils sehr ernst und kämpferisch, teils vollkommen gleichgültig fuhren diese Könner den Hang hinunter. Auf die Frage, ob wir mit unseren Glücksgefühlen beim Skifahren warten sollten bis zu einem gewissen Grad des Könnens, nur um dann gar keine mehr zu haben, waren wir uns einig, dass wir die auch gleich haben können. Und mit viel Lachen und Spaß erforschten wir die Kunst der Kontaktaufnahme mit dem Schnee.

Wenn man akzeptiert, dass Gelingen und Scheitern zusammengehören und dass die Lust am Scheitern sogar zu einem Mehr an Gelingen führt, kann man sich endgültig von dem weit verbreiteten «Ich kann nicht» verabschieden. Denn diese Einstellung ist nichts anderes als das ständige Ausweichen vor einem möglichen Scheitern. Wer aber, womöglich gewohnheitsmäßig, kapituliert, ohne überhaupt einen Versuch gemacht zu haben, dessen Selbstvertrauen wird durch diese Vorgehensweise bestimmt nicht gestärkt werden. So ist das eigentlich Fatale an dieser Haltung, dass Minderwertigkeitsgefühle vorprogrammiert sind und dass das Vertrauen in die eigenen Fähigkeiten und Möglichkeiten unbegründeterweise immer mehr schrumpft – Folge eines Aufaddierens des Nichtversuchthabens. Und es überrascht mich immer wieder, wie viele Menschen zu etwas «Ich kann das nicht», sagen, ohne es jemals vorher ausprobiert zu haben.

«Ich kann nicht, gibt's nicht.»
Inner game Weisheit

■ EXZELLENZ STATT PERFEKTION

Der Versuch, perfekt zu sein, muss scheitern. Wir Menschen sind keine Maschinen, die konstant auf eine vorgegebene Weise funktionieren. Alle Versuche, uns in diese Richtung zu formen oder danach zu streben, erhöhen ständig die Wahrscheinlichkeit des unfreiwilligen Scheiterns.

Das heißt nicht, dass es nicht durchaus Bereiche gibt, die man perfekt erledigen kann. Einzig die zu Verkrampfungen führende Verherrlichung des Perfektionismus

soll hier zur Disposition gestellt werden. Dieses Streben nach dem, was als perfekt gilt, führt zu nichts anderem, als dass man sich die ganze Zeit über unvollkommen, unzulänglich, minderwertig fühlt. Das so zwangsläufig erzeugte Gefühl des ewigen unausweichlichen Scheiterns entzieht Kraft und Energie. Einst vorhandenes Selbstvertrauen verflüchtigt sich.
Geht man stattdessen seinen Weg mit dem Bewusstsein eines Meisters, der übt, macht nicht nur der Weg selbst viel mehr Spaß. Man erlebt und erfährt, dass man exzellent sein kann, ohne perfekt zu sein. Exzellenz ist gleichzusetzen mit dem Streben nach persönlicher Meisterschaft. Persönlich deshalb, weil sie nicht von Äußerem abhängig ist und auf Vergleiche verzichtet. Sie allein entscheiden, ja Sie spüren regelrecht diese Momente der Exzellenz. Für die Außenwelt kaum wahrnehmbar, sind sie für Sie selbst doch mit großen Glücksgefühlen verbunden.
Betrachten wir einmal einen Vortrag, den sie halten wollen, aus dem Blickwinkel des Perfektionismus und dem der Exzellenz. Die «perfekte» Vorgehensweise führt in der Regel nach dem Sammeln von Daten und Fakten zu einem Manuskript mit Eröffnung, Gliederungspunkten und Schluss. Sie haben sicher schon viele solcher «perfekten» Vorträge gehört. Egal, ob sie mehr oder weniger perfekt vorgetragen wurden, es fällt häufig schwer, sich angesprochen zu fühlen.
Wie sehen nun Vorträge aus, die man als exzellent in Erinnerung behält? Der Redner ist inhaltlich ebenso gut vorbereitet, hat aber vielleicht gar kein Manuskript dabei oder nur einige wenige Stichpunkte notiert. Er hat sein Thema verinnerlicht, es zu seinem eigenen gemacht. Er hat ein Anliegen, er hat etwas zu sagen und bevor er loslegt, schaut er erst einmal, wer das denn hören möchte. Er nimmt Kontakt mit Ihnen auf, schaut sich um, lässt wirken und redet mit Ihnen. Er führt Sie dann quasi zum Thema hin, immer Kontakt mit Ihnen haltend. Es ist kein Monolog, es ist ein Dialog, obwohl der Redner die ganze Zeit redet. Er ist bei sich und bei Ihnen gleichzeitig. Er möchte nicht etwas loswerden, sondern etwas zu Ihnen hinbringen. Er hält inne, er kann nach Worten suchen, ja er kann sogar den Faden verlieren, er findet ihn mit Hilfe der Zuhörer wieder. Er zeigt sich als Mensch und nicht als Redemaschine. Er ist für sich exzellent.

Perfekt sein zu wollen oder zu glauben, perfekt sein zu müssen, kann auch viele Lehrer plagen. Sein Fach perfekt zu beherrschen und eine perfekte Unterrichtsvorbereitung sind oft wichtiger als ein aus dem Augenblick heraus entstehender exzellenter Unterricht. Perfektion wird auch gleichgesetzt mit dem perfekten Beherrschen des Lernstoffes. Und da man sich da nie wirklich sicher sein kann, ist da latent die Angst vor der Frage des Schülers, jener einen Frage, die einen auf dem falschen Fuß erwischt. Und daher sorgt man oft unbewusst dafür, dass gar nicht erst Fragen gestellt werden, obwohl man das ja eigentlich gerne hätte. Ein Teufelskreis.

Ein nicht perfekter Lehrer, also ein «Lehrer, der übt», hat keine Angst davor, etwas nicht zu wissen oder gar von seinen Schülern überflügelt zu werden. Im Gegenteil, das können sogar besonders schöne Momente für ihn und seine Schüler sein. Seine Vorbereitung besteht eher darin, dafür zu sorgen, dass er sich im Unterricht so gut fühlt, dass er gelassen Kontakt zu seinen Schülern aufnehmen und halten kann und ihnen einen Spielraum für Wesentliches bietet.

Einst lebte ein König, der es leid war, immer mit «Eure Exzellenz» angesprochen zu werden. Da er nun schon so lange exzellent war, fand er, dass er nun perfekt sein müsse. Und so beschloss er, dass er ab sofort mit «Eure Perfektion» anzusprechen sei. Und so geschah es.
Stolz, nun alles erreicht zu haben, genoss der König seine neue Rolle und lächelte gnädig, wenn seine Untertanen ihn mit «Eure Perfektion» ansprachen. Er bemühte sich, auch diesem neuen Anspruch gerecht zu werden, indem er nichts mehr veränderte – war er doch perfekt; seine Haltung, seine Kleidung, seine Bewegungen, ja selbst seine Gedanken sollten in ihrer Perfektion erhalten bleiben, worauf er seine ganze Aufmerksamkeit richtete. Und er wurde perfekter und perfekter und sein Volk freute sich, einen so perfekten König zu haben.
Eines Tages kam ein Gaukler an den Hof, einer wie es viele gab zu jener Zeit. Aber diesem eilte ein Ruf voraus. Es wurde gesagt, er beherrsche die Kunst des Loslassens wie kein anderer und er könne darüber hinaus mit vielen Bällen und anderen Gegenständen jonglieren, so dass der Seele Flügel wüchsen. Auch der König hatte von diesem Gaukler gehört, und wenn er nicht so perfekt gewesen wäre, hätte man sogar sehen können, dass er sich freute.
Als der Gaukler ankam, hieß der König ihn zu sich kommen und sagte ihm, dass er ihm zeigen solle, wie man jongliert, in der Überzeugung, er als perfekter König würde das auch sofort können. Der Gaukler zeigte es ihm und der König probierte es. Aber die Bälle blieben in seinen Händen und nichts rührte sich. Da sprach der König zum Gaukler: «Sorge dafür, dass die Bälle fliegen!» Und der Gaukler sagte zum König: «Du musst sie loslassen.» Aber das ging nicht, wäre das doch eine unschickliche Bewegung für einen perfekten König. Und der König begann sich zu ärgern und befahl dem Gaukler, so lange bei Hofe zu bleiben, bis er, der König, jonglieren könne. Er möge es ihm erklären. Und der Gaukler erklärte und erklärte

viele Stunden, gab, da er darin bewandert war, sogar physikalische Unterrichtsstunden über Flugbahnen, Erdanziehung und so weiter. Der König merkte sich alles, aber die Bälle flogen nicht.

In der Zwischenzeit, wenn der Gaukler nicht beim König sein musste, hatte er bereits vielen der Untertanen das Jonglieren beigebracht, und der König wurde gewahr, wie das Leben am Hofe immer bunter, lustiger und lebendiger wurde und wie zufrieden und glücklich alle waren und jede Gelegenheit nutzten, um zu jonglieren. Nur er, der perfekte König, konnte es nicht. Und jedes Mal wenn er mit «Eure Perfektion» angesprochen wurde, was häufig vorkam, hörte sich das an, als würde sich der Sprecher irgendwie über ihn lustig machen. Er fühlte sich zunehmend unwohler.

Da gab er dem Gaukler eine letzte Chance, sonst würde er ihn ohne Bälle in den Kerker werfen. Dieser nahm seinen ganzen Mut zusammen und sagte dem König: «Eure Perfektion seid perfekt in Haltung, Äußerem, bei Tisch und auch sonst überall, aber es gibt Dinge im Leben, da nützt Euch die ganze Perfektion nichts, im Gegenteil. Dazu gehört das Jonglieren, insbesondere mit diesen Bällen, genannt ‹dritte Bälle›. Sie reagieren nur auf Lebendiges, Flexibles, auf Freude und Mut, auf Gefühle, kurz, nur auf Menschen und nicht auf Maschinen. Ihr seid, mit Verlaub, zu einer Maschine geworden und als Maschine werdet Ihr niemals jonglieren können. Und jetzt werft mich in den Kerker!»

So hatte seit langem niemand mehr zu ihm gesprochen, genau genommen seit dem Augenblick, als er perfekt wurde. War sein Ratgeber, der mittlerweile auch im Kerker saß, damals nicht ebenso frech gewesen? Hatte ihn das damals nicht belustigt und bereichert gleichermaßen? Da fiel es dem König wie Schuppen von den Augen, dass er, seit er perfekt war, nur noch ganz wenige Dinge machte, nämlich nur die, die er perfekt konnte, und alles andere wegließ. Sein Leben war seitdem viel einseitiger geworden, er hatte sich viel weniger gefreut, ja er hatte selbst seine Lieblingsbeschäftigung, das Reiten, aufgegeben, weil es nicht perfekt aussah. Und er besann sich auf die Zeit, als er nur exzellent war, als er mit Freude und Spaß und Bewegung an Dinge herangegangen war, Kraft in sich spürte, viele Erfolge und manche Misserfolge hatte und daraus lernte. Und da ließ er nicht nur die Bälle plötzlich los, sondern auch alles perfekte Tun. Er hatte genug davon, es reichte ihm vollauf, exzellent zu sein. Und von diesem Tage an fand zur Erinnerung jährlich ein großes Fest statt, zu dem alle Untertanen, aber auch viele Gaukler und Besucher aus der ganzen Welt an den Hof kamen, um ihre exzellenten Künste vorzuführen. Und auch sein ehemaliger Berater saß, wenn auch etwas blass und abgemagert, wieder neben ihm. Und der König wetteiferte mit seinen Beratern in der Kunst des Loslassens von Perfektion und Bällen.

Und wenn sie nicht gestorben sind, jonglieren sie noch heute!

3 SICH VON SICH SELBST ÜBERRASCHEN LASSEN

«Wo haben Sie gelernt, dass Sie das nicht lernen können?»
Inner game Weisheit

Körperliche Aktivitäten bieten ein ideales Experimentierfeld, um sich besser kennenzulernen, um alte Einstellungen über Bord zu werfen, um sich vom eigenen Können überraschen zu lassen, um in Fluss zu kommen, um sich auf die Spur des Meisters zu machen, der übt.

Den folgenden Beispielen liegen Erfahrungen aus vielen Seminaren und Selbstversuchen zugrunde. Auch wenn Sie die beschriebene Disziplin selbst nicht betreiben oder betreiben wollen, können Ihnen die Beispiele viele Impulse geben. Sie können Anregungen geben, Ihre eigenen Aktivitäten in einem anderen Licht zu betrachten oder Ihre Wahrnehmung auf Dinge zu lenken, die Ihnen bisher gar nicht aufgefallen sind.

Lassen Sie sich einfach inspirieren, nehmen Sie auf, was Sie anspricht, schmunzeln Sie, wenn Sie etwas nicht glauben, probieren Sie es selbst aus. Vielleicht werden Sie auch motiviert, eine Tätigkeit neu zu beginnen. Wie gesagt, die Beispiele sollen Ihnen lediglich Impulse geben, um selbst mit dem Erforschen zu beginnen.

SCHWIMMEN – ICH BIN IM FLUSS

Wasser ist ein Element, aus dem wir zu 60 Prozent bestehen, ohne das wir keine drei Tage überleben würden, das zu 71 Prozent die Erde bedeckt, das uns als Embryo umgibt, dem alles Leben entstammt, also auch wir Menschen. Es übt eine Faszination nicht nur auf Kinder aus, was die vielen Teiche, Springbrunnen, kleinen Wasserläufe zeigen. Am Wasser zu sitzen und ihm zuzuschauen oder dem

Gurgeln eines Baches zuzuhören, entspannt und lässt die Gedanken fließen. Alles fließt, sprach Heraklit.
Empfinden wir uns selbst auch als fließend oder eher als fest und eingeschlossen in unserem Körper? Eine entscheidende Frage, wenn wir uns dem Element Wasser in der Form nähern, dass wir hineingehen. Wenn Babys einfach in warmem Wasser schwimmen gelassen werden, folgen sie einem Reflex, der sie zu einem natürlichen Wechsel von untertauchen und auftauchen, von einatmen und ausatmen führt. Sie lernen auf natürliche Weise das Schwimmen.

Ohne diese Erfahrung kommt man sich beim späteren Schwimmen lernen eher vor wie ein Stein, der untergeht, sobald man ihn ins Wasser wirft.
Was macht den Unterschied aus, oder besser, wie können wir uns mit dem Element Wasser wieder derart verbinden, dass es uns trägt, wir mit ihm fließen? Diese Frage stellten wir uns einmal in einem Seminar im Zusammenhang mit «Flexibilität», «Energie» und «im Fluss sein». Dazu begaben wir uns in das hoteleigene Schwimmbad und fragten, wie wir uns mit dem Element Wasser so verbinden könnten, dass ein spielerisch leichtes Schwimmen möglich wird. Das Bild der Delfine bietet sich als schönes Vorbild dafür an, wie man sich als Nichtfisch im Element Wasser elegant und spielerisch leicht bewegen kann. Ich verrate Ihnen nicht, was dabei herauskam, damit Sie diese Erfahrungen selbst machen können. Ich verrate aber die Fragen und Themen, denen wir jeweils eine Beckenlänge lang nachschwammen:

- Ich empfinde das Wasser als schwer und versuche, es mit den Armen beiseite zu drücken.
- Ich empfinde das Wasser als leicht, der Widerstand ist angenehm fließend.
- Ich schwimme so laut wie möglich.
- Ich schwimme so leise wie möglich.
- Ich schwimme ernst.
- Ich schwimme lustig.
- Ich achte darauf, wie sich meine Haut anfühlt, wenn das Wasser an ihr entlang streicht.
- Ich nehme die Energie des Wassers auf.
- Ich gebe Wärme an das Wasser ab.
- Ich schwimme mit dem Lächeln eines Delfins.

Schwimmen ist also weit mehr als schwimmen. Es ist die fließende Verbindung des eigenen Flusses im engen Kontakt mit dem Medium Wasser.

Und was machen viele Schwimmschulen daraus? Eine vorgegebene Bewegungsfolge mit Belohnung für bestimmte Zeiten des oben Bleibens. Neulich sprach mich ein Seminarteilnehmer in der Pause an, ob es auch inner game Erfahrungen mit Schwimmen gäbe, da seine Tochter Probleme damit hätte. Zunächst stellte ich ihm ein paar Fragen:

inner game Coach (C): Was hat sie denn für Probleme?
Vater (V): Sie lernt es einfach nicht richtig und hat auch keine Lust dazu.
C: Warum soll sie es denn lernen?
V: Alle ihre Freunde lernen es auch und sind zusammen in einem Schwimmkurs, aber sie kommt nicht richtig mit.
C: Was erzählt Sie Ihnen denn davon?
V: Ja nur, dass es schwer ist mit dem oben Bleiben und dass sie Angst hat vor dem Wasser.
C: War das schon früher so?
V: Nein gar nicht, im Gegenteil, ich habe sie oft nach der Arbeit noch mit ins Thermalbad genommen und wir hatten immer viel Spaß miteinander.
C: Und jetzt diese Abwehr. Das ist schon komisch, finden Sie nicht?
V: Ja schon.
C: Woran kann das denn Ihrer Meinung nach liegen?
V: Ja, sie wollte ja eigentlich von Anfang an nicht in den Schwimmkurs, weil sie nicht ins Tiefe wollte. Aber genau deshalb muss sie ja schwimmen können! Und dann war es beim ersten Mal auch noch ziemlich kühl – sie ist von mir ja eher das warme Thermalwasser gewohnt – und da hat sie gefroren. Und den Schwimmlehrer mag sie auch nicht.
C: Dann ist ja alles klar!
V: Ja, aber was kann ich denn machen?
C: Dazu erzähle ich Ihnen am besten eine kurze Geschichte:

Nachdem mein Sohn Claudius lange keine Anstalten machte, in tieferes Wasser zu gehen, fragte ich ihn irgendwann, ob er Lust hätte schwimmen zu können. Ja schon, aber jetzt noch nicht, war seine Antwort. Wie gewohnt, spielten wir öfter im warmen Wasser miteinander und ich begann mehr und mehr um ihn herumzuschwimmen, davonzuschwimmen, auf ihn zu zu schwimmen und zeigte gleichzeitig, wie sehr mir das gefiel. «Komm ich schiebe dich auch mal so schnell durchs Wasser», sagte ich zu Claudius und als er nickte, legte ich ihn auf meine Hände und begann ihn damit im Kreis zu bewegen. Alles im flachen Wasser. Meine unausgesprochene Botschaft dabei war: «Solange du meine Hand spürst, kannst du nicht untergehen», und «Ich werde sie niemals wegziehen.» Das Spiel machte uns beiden Spaß und schließlich kam auch der Wunsch von Claudius schwimmen zu lernen. Ich sagte ihm, dass schwimmen ganz einfach ist, man macht einfach das Gleiche, was er schon unter Wasser gemacht hat, nämlich tauchen, nur dieses Mal mit dem Kopf über Wasser. Und damit das leicht geht, solle er sich einfach auf meine Hand legen und mir sagen, was ich machen soll. Ich spürte wie sein Herz klopfte und er sich plötzlich anstrengte. Er meinte offenbar, er müsse jetzt etwas ganz anders machen. Ich sorgte dafür, dass er wieder ganz ruhig wurde, gleichmäßig atmete und mit meiner Unterstützung vorwärts kam. Schließlich forderte er mich auf, die Hand auch mal wegzunehmen und ich sagte, dass ich das machen würde, die Hand aber mit etwas Abstand dort lassen würde, damit sie gleich wieder da ist. So experimentierten wir eine Weile – er mit dem Schwimmen und ich mit meiner Beobachtung, was denn den Schwimmer vom Nichtschwimmer wirklich unterscheidet, denn die richtigen Schwimmbewegungen sind es nicht, sonst würde man ja ohne diese untergehen, was man nicht tut. Womit es viel zu tun hat, ist innere Ruhe, entspannter Atem und Vertrauen. Ihm das zu vermitteln, war mein Ziel, wie er sich fortbewegt, wenn er erst mal oben bleibt, war völlig nachrangig. Wir «übten» noch eine Weile und setzten das auch bei weiteren Schwimmbesuchen fort. Ich spürte an meiner Hand deutlich, dass diese immer weniger gebraucht wurde, sagte aber nichts dazu, sondern hatte viel Spaß mit ihm beim Herausfinden, wie man denn am geschicktesten vorwärts kommt. Eines Tages stand ich am Beckenrand und sah erschrocken, wie mein Sohn ins Tiefe sprang, auftauchte und nicht besonders elegant, aber absolut selbstverständlich die ganze Strecke bis ins flache Wasser durchschwamm. Ich war jederzeit bereit, sofort hineinzuspringen, es war aber nicht nötig. Er hatte offensichtlich mehr Vertrauen als ich. Warum sollte das auch nicht so sein, kam mir nach einigem Nachdenken in den Sinn, hatte er doch einen optimalen Spielraum für Wesentliches erfahren können.

V: Und Sie meinen, das geht mit meiner Tochter auch so?
C: Ja, setzen Sie dort an, wo es zuletzt Spaß gemacht hat, nehmen Sie den Druck schwimmen zu lernen komplett raus, was aufgrund der gemachten schlechten Erfahrungen etwas dauern kann. Wenn Sie meinen, dafür nicht die Geduld aufbringen zu können, denken Sie einfach an Folgendes:

- Der Schlüssel sind Sie und Ihre Liebe zu Ihrem Kind.
- Der Spielraum ist das Wasser und Ihre tragende Hand.
- Das Wesentliche ist Vertrauen und Sicherheit.
- Der Rest kommt von alleine.

Genießen Sie einfach dieses schöne Gefühl, jemanden zu haben, der Ihnen vertraut und vertrauen Sie selbst darauf, dass Ihr Kind ohne Zweifel schwimmen wird – früher oder später bzw. genau dann, wenn die Zeit reif ist!

«Wenn man Luft braucht, sollte man oben schwimmen.»
Inner game Weisheit

BUMERANG – DAS EWIG WIEDERKEHRENDE

«War einmal ein Bumerang,
war ein Weniges zu lang.
Bumerang flog ein Stück,
aber kam nicht mehr zurück.
Publikum noch stundenlang,
wartete auf Bumerang.»
Ringelnatz

Kommt er zurück oder nicht? So schaute einmal ein Seminarteilnehmer gebannt dem von ihm geworfenen Bumerang nach. Dieser drehte sich in einer herrlichen Kreisbahn. Als er zielgenau wieder auf ihn zukam, gingen alle anderen ein paar Schritte zur Seite, nur er nicht. Als er sich dann verdutzt die Stelle rieb, an der ihn der Bumerang getroffen hatte, fragte jemand, warum er denn nicht zur Seite gegangen sei. Darauf sagte er: «Ich hätte es nie für möglich gehalten, dass der Bumerang zurückkommt.» Noch einige Zeit erinnerte ihn der blaue Fleck daran, wie schmerzhaft es sein kann, wenn man seinem Kopf die alleinige Führung überlässt.

Führung ist auch das Thema, das sich mit dem Werfen von Bumerangs erforschen lässt. Ausgehend davon, dass man Bumerangs benutzt, die nicht zu lang sind (wie bei Ringelnatz), sondern das Potential haben, zurückzukommen, folgt man der Frage: Was braucht es, damit der Bumerang zu mir zurückkommt? Was braucht es von mir als Werfer, welche Rahmenbedingungen, welche Umgebung sind wichtig?

Potenzial bezeichnet das, was vorhanden ist, was in einem Bumerang drin steckt, welche Anlagen er hat. Man kann zwar in einem gewissen Rahmen daran feilen oder ihn verbiegen. Ein Zuviel führt jedoch zum Scheitern. Im übertragenen Sinne gilt Ähnliches: Man sollte sich klar werden über vorhandene Potenziale, bei sich, bei anderen, bei Zielen usw. Werden diese falsch eingeschätzt oder überschätzt, folgt zwangsläufig ein Absturz.

Bemerkenswert ist, dass der Bumerang sein Potenzial nur entfaltet, wenn er einen gewissen Widerstand in Form von Wind hat.

Brauchen nicht auch wir Menschen einen gewissen Widerstand, um uns zu entfalten?

Man kann sich allerdings nicht darauf verlassen, dass der Wind immer aus der gleichen Richtung kommt. Eine sich ständig verändernde Umgebung begleitet uns beim Bumerang werfen wie im Alltag. Nichts ist sicher außer dem Wandel, den wahrzunehmen der Bumerang lehren kann.

Am Potenzial können Sie nicht viel ändern, und auch das Umgestalten der Umgebung liegt meist nicht im Bereich der Möglichkeiten. Was daher am leichtesten zu verändern ist, ist man selbst. Sie können Ihren Standpunkt oder Ihre Richtung ändern, den Einsatz und die Kraft dosieren und auf Feedback reagieren. Was geschieht, wie das Ergebnis aussieht, hängt also hauptsächlich von Ihnen ab. Das Besondere daran ist, dass der von Ihnen geworfene Bumerang völlig emotionslos Ihr «Verhalten» spiegelt, indem er entweder zurückkommt oder eben nicht. Er hat keinerlei Interesse, Ihnen etwas «recht» zu machen!
Was soll zurückkommen, kommt überhaupt etwas zurück, wer oder was ist dafür zuständig, verantwortlich, kompetent? Solche und ähnliche Fragen könnten in den Köpfen herumgehen, die, den Blick zum Himmel gerichtet, diesen gebogenen, sich um sich selbst drehenden Hölzern nachschauen.

Bumerangs umgibt schon immer die Aura des Geheimnisvollen. Sie wurden von Schamanen oder Medizinmännern als rituelles Instrument genutzt, bspw. als Symbol für die Wiederkehr aus dem Jenseits, oder zum Befragen über einzuschlagende Wege. So symbolisiert die kreisförmige Flugbahn des Bumerangs bei dem australischen Ngadjuristamm die Laufbahn der Sonne. Aber auch als Geschicklichkeitsspiel wurden Bumerangs von vielen Menschen genutzt.
Den Bumerang umgibt nicht nur deshalb immer schon etwas Magisches, Geheimnisvolles. Selbst geübte Werfer werden immer wieder von dem «Eigenleben» der Bumerangs überrascht, wenn zum Beispiel ein intakter Bumerang trotz optimaler Bedingungen einfach nicht zurückkommt.

Eine Vielfalt von Formen macht den Umgang mit Bumerangs zusätzlich interessant – und vielleicht könnte man sogar sagen: «Jeder wählt den Bumerang, der ihm zu den meisten Erkenntnissen verhilft!»

«Wie kannst du dich als Mensch nur so ernst nehmen, wenn es dir nicht einmal gelingt, ein Stück Holz wegzuwerfen!»
Sprichwort der Aborigines

SEILTANZEN – SICHERHEIT IM SPIEL MIT UNSICHERHEIT

«Sicher ist, dass es unsicher ist. Unsicher ist nur, wann es stattfindet!»
Inner game Weisheit

Vor einiger Zeit hatte ich die Gelegenheit, das Seiltanzen zusammen mit einigen Kollegen im Rahmen eines Workshops auszuprobieren. Bis dahin war ein Drahtseil eben ein Drahtseil, über das Leute hauptsächlich im Zirkus gehen. Sie laufen hin und her, wackeln dazwischen ein bisschen und machen dabei recht ernste Gesichter. Und weil das ganze ein Akt ist, heißt es dann eben auch Drahtseilakt. Nacheinander stiegen wir auf die kleine Plattform und jeder begann auf seine Weise den Drahtseilakt. Dieses Gefühl, das erste Mal auf dem Drahtseil zu sein, spüre ich noch jetzt an meinen Fußsohlen. Vorsichtig setzt man den ersten Fuß auf, wartet einen Moment und dann der entscheidende Schritt, der zweite Fuß folgt, noch ein Schritt, manchmal auch zwei – und dann ist man wieder unten. Aha, dachten wir und stellten uns wieder hinten an. So folgte ein Aha dem anderen und nach einigen Durchgängen setzten wir uns zusammen und redeten darüber. Dabei kamen Aussagen wie zum Beispiel:

- Zu starke und hektische Ausgleichbewegungen bringen einen aus der Balance.
- Der Fokus aufs Unsichere verstärkt die Unsicherheit.
- Das Seil macht ehrlich, man kann nichts verbergen.
- Das Seil erfordert hundertprozentige Aufmerksamkeit.
- Man sieht jedem an, mit welcher Einstellung er an die Sache herangeht.

Das gemeinsame Erlebnis für alle war jedoch, dass wir schnell wieder unten waren. Bei der Beschäftigung mit der Frage woran das liegen könne, wurde schnell deutlich, dass die berechtigte und unmittelbare Suche nach Sicherheit unsere Körper umso mehr versteifen ließ, je mehr das Seil wackelte. Steifer Körper auf schwingendem Seil – das Ergebnis können Sie sich sicher gut vorstellen.

Erst nach mehreren Versuchen dieser Art akzeptierten wir mehr und mehr, dass sich das Seil dadurch eindeutig nicht ruhig stellen ließ – es blieb einfach unsicher – und wir begannen nach alternativen Vorgehensweisen zu forschen. Einer von uns meinte treffend: «Unsicherheit ist offenbar die Konstante, also müssen wir die Variable sein!» Und das bedeutet, selbst flexibler, weicher, beweglicher zu werden und siehe da, nicht nur die Stimmung wurde viel gelöster, auch die Ergebnisse waren deutlich besser:

- Ich hätte nie gedacht, dass man so weit kommt.
- Spannend ist, dass man, wenn man aus der Balance kommt, wieder hineinkommen kann.
- Faszinierend, wie der Körper die Schwankungen des Seils ausgleicht.
- Wenn man ganz normal draufgeht, so als läge es am Boden, ist es viel leichter, als wenn man es sich so wacklig vorstellt.
- Es geht wesentlich besser, wenn man in der eigenen Mitte ruht und den Schwerpunkt tief legt.
- Das Sich-Sammeln vor Beginn ist ganz wesentlich.
- Man weiß schon vor dem ersten Schritt, ob man es schafft.
- Es geht leichter, wenn man nicht auf die Füße, sondern auf sein Ziel schaut.

Für die meisten von uns war es ein herrliches Gefühl, längere Zeit mit weit ausgebreiteten Armen auf einem Bein zu stehen, die Schwankungen auszugleichen und nicht herunterzufallen, ja sogar aus extremen Ungleichgewichten wieder ins Gleichgewicht zu kommen. Bei der anschließenden Beschäftigung mit der Frage, was denn eigentlich Sicherheit ausmache, was überhaupt sicher sei, machten wir ein kleines Experiment mit einem erstaunlichen Ergebnis. Wir stellten uns auf den Boden, ganz normal mit beiden Füßen, schlossen die Augen und versuchten, einmal vollkommen ruhig zu stehen. Wenn Sie es probieren, werden Sie merken, dass man nie ruhig steht. Der Körper und die Füße machten permanent winzige Ausgleichbewegungen, damit man nicht umfällt – und das auf scheinbar so sicherem Boden.
Stellt sich absolute Ruhe, Balance nur auf unsicherer Grundlage ein, weil deren Bewegung uns den Ruhepunkt ermöglicht? Uns schien es fast so, denn schon

bei den nächsten Versuchen gingen die ersten bis auf die andere Seite des Seiles. Zu beobachten war dabei, dass die letzten Schritte immer wie selbstverständlich ausgeführt wurden. Und so begannen einige über das Seil zu laufen, als würden sie einen Spaziergang machen, andere machten eine lustige Watschelnummer daraus, manche gingen schnell, andere langsam, die Unsicherheiten bis aufs Letzte auskostend. Es gab auch welche unter uns, die nicht hinüberkamen, was aber keine Rolle spielte, da sie genau wussten warum und diese Gründe teilweise nicht zu beseitigen waren. Aber das Gefühl, auf einem Drahtseil einen Drahtseilakt zu machen, hatten wir alle. Und da nichts sicher ist, waren wir glücklich, im Umgang mit Unsicherheit wieder etwas dazugelernt zu haben.

Mit unserer Arbeit bewegen wir uns auch manchmal auf einem Drahtseil, auf dem wir uns zwar sehr sicher fühlen, das aber von außen betrachtet wacklig aussehen oder wirken kann. So haben manche unserer Kunden manchmal Mühe, auf in jeder Beziehung abgesicherte Methoden, feste Strukturen, bis ins Detail abgestimmte Vorgehensweisen zu verzichten. «Wir möchten Veränderung, aber bitte mit herkömmlichen Mitteln», entspricht einem auf den Boden gemalten Drahtseil.

KLAVIER SPIELEN – DIE MUSIK IN MIR

«Musik in Noten zu zerlegen und anschließend wieder zusammenzusetzen, ist wie ein Kunstwerk auseinanderzuschneiden und anschließend wieder zusammenzukleben. Es bleibt ein Puzzle mit Rissen!»
Inner game Weisheit

Am Beispiel des Klavier spielens möchte ich Ihnen eine Disziplin vorstellen, die nichts mit Sport zu tun hat, und damit zeigen, dass sich dieser Ansatz bei weitem nicht nur auf sportliche Aktivitäten beschränkt.
Das Klavier eignet sich stellvertretend für andere Musikinstrumente ideal, um einige Aspekte der Musik oder des Musikmachens zu verdeutlichen. Vielleicht spielen Sie ein Instrument oder haben früher einmal eines gespielt oder hören einfach nur gerne zu und denken manchmal, dass es schön wäre, selbst ein Instrument spielen zu können.
Woher kommt Musik? Entsteht sie im Kopf oder im Bauch? Menschen wie Mozart, Bach, Chopin und viele andere haben ihre Musik empfangen, in sich getra-

gen und schließlich gespielt oder aufgeschrieben. Sie haben sich zum Medium von etwas Größerem gemacht und die Voraussetzungen dafür geschaffen, dem Ausdruck zu verleihen. Sie ließen die Musik zu sich kommen, entstehen, sich entwickeln und vermutlich waren sie selbst des Öfteren überrascht von dem, was sich da entwickelte, was sie da durchströmte und wie sich ihnen plötzlich ein Weg öffnete, an dem kein Zweifel mehr bestand.

Um Musik auszudrücken, bedarf eines Instrumentes und der Fähigkeit dieses zu spielen. Um sie anderen weiterzugeben, gibt es die Noten. Der Ursprung ist aber die Musik selbst und dort setzt man daher sinnvollerweise, aber nicht üblicherweise auch an. Wenn nun ein Pianist Musik spielt, ist neben bestimmten Fertigkeiten vor allem wichtig, dass er sich mit dem ursprünglichen Geist dieser Musik verbindet und ebenfalls zum Medium für die Musik wird. Das bedeutet, dass er sie spielt, als wäre es das erste Mal, dass er sich selbst davon verzaubern lässt, sich selbst zu einem Verstärker der Wirkungsweise der Musik macht.

Ist er den Weg umgekehrt gegangen (worden), hat also zuerst Noten und Techniken gelernt, um irgendwann daraus anhörbare Musik zu machen, können Dialoge wie der folgende zwischen einem recht guten Klavierspieler und seinem inner game Coach entstehen:

K (Klavierspieler an seinem Klavier sitzend): Ich möchte improvisieren lernen.
I (inner game Coach): Gut, was meinen Sie mit improvisieren?
K: Ohne Noten spielen.
I: Dann lassen Sie die Noten doch einfach weg!
K: Das geht nicht!
I: Was geht nicht? Schauen Sie, schon sind die Noten weg!
K: Was soll ich denn spielen ohne Noten?
I: Musik!
K: Welche?
I: Ihre!
K: Meine? Ich bin doch kein Komponist!
I: Nicht? Woher wissen Sie das?
K: Das hört sich schrecklich an bei mir.
I: Wann haben Sie es denn das letzte Mal probiert?
K: Ja, das ist lange her, eben weil es sich schrecklich anhört.
I: Was ist denn der Maßstab? Wollen Sie gleich wie Mozart spielen können?

K: Nicht wie Mozart, aber gut anhören soll es sich schon.
I: Die Musik, die Sie meinen, sich aber nicht trauen zu suchen, ist in Ihnen, sonst nirgends. Ich möchte Sie einladen, sich auf die Suche zu machen. Haben Sie Lust dazu?
K: Ja, ich würde es gerne versuchen.
I: Gut, dann schließen Sie jetzt Ihre Augen und entspannen Sie sich. Ihre Aufgabe ist jetzt einfach nur, «Ihren» Ton zu finden. Lassen Sie jetzt mit geschlossenen Augen Ihre Hände und Finger über die Tasten gleiten, zunächst noch ohne Töne zu machen, einfach nur hinspüren, hinhören, wie er sein könnte. Lassen Sie sich dabei soviel Zeit wie Sie wollen. Und wenn Sie dann beginnen, Tasten zu drücken, forschen Sie solange´, bis Sie sich ganz sicher sind, Ihren Ton gefunden zu haben. Solange sie noch unsicher sind, machen Sie einfach weiter. Irgendwann werden Sie sicher sein, auch wenn Sie das nicht erklären können, aber darum geht es nicht.

K (10 Minuten später): Hier, dieser Ton ist es.

I: Gut, jetzt spielen Sie mit Ihrem Ton, testen Sie ihn, probieren Sie aus, was Sie alles mit ihm machen können. Irgendwann kommt dann vielleicht ein Impuls, einen zweiten oder dritten Ton dazuzunehmen. Geben Sie diesem Impuls nicht sofort nach, bleiben Sie noch länger bei Ihrem Ton, bis Sie es nicht mehr auszuhalten glauben. Dann lassen Sie Ihre Hände frei. Und halten Sie während der ganzen Zeit Ihre Augen geschlossen ...

Es entstand schließlich ein herrliches Musikstück, ganz ohne Noten und mit geschlossenen Augen.

Sind Sie motiviert, ein Instrument z.B. Klavier zu spielen? Wenn ja, möchte ich Ihnen folgende Vorgehensweise empfehlen, die sich nicht nur bei mir selbst, sondern auch bei vielen anderen bewährt hat.

- Lassen Sie den Glauben los, dass es Noten braucht, um ein Instrument spielen zu können.
- Alle Töne sind vorhanden, man muss sie nur entdecken. Beim Klavierspielen geht es lediglich darum, der Schwerkraft folgend die Finger im «richtigen» Moment an der «richtigen» Stelle fallen zu lassen.
- Dazu ist es gut, sich zunächst innerlich mit dem Instrument zu verbinden, sich mit ihm vertraut zu machen.

- Ein nächster Schritt ist zu schauen, wie man sich selbst von allen Hemmungen befreien kann, so dass Sie ungehindert und locker wie ein kleines Kind an das Instrument herantreten können. Das Klavier macht genau das, was Sie wollen. Es ist Ihr Spiegelbild. Gehen Sie zaghaft an es heran, antwortet es zaghaft. Sind Sie schüchtern, klingt es schüchtern, sind Sie waghalsig, klingt es waghalsig. Sie spielen nichts anderes als sich selbst, also überlegen Sie vorher, welchem Teil von sich Sie Ausdruck geben wollen.
- Wählen Sie die Stücke, die Ihnen gefallen und akzeptieren Sie nicht diejenigen, die in dem Stadium die scheinbar passenden sind, wenn sie Ihnen nicht gefallen.
- Für ehemalige Klavierspieler ist es wesentlich, zu vergessen. Nutzen Sie das Klavierspiel, um zu vergessen, dass es ein Richtig und Falsch gibt, dass Sie Noten brauchen, um Musik zu machen, dass Sie sich verspannen müssen, wenn Sie Klavier spielen. Spielen Sie, üben Sie nicht. Lassen Sie Ihre Finger wie Regentropfen auf die Tasten fallen. Erfreuen Sie sich an der Beweglichkeit Ihrer Finger und vor allem – spielen Sie mit den Händen, nicht mit dem Verstand. Allein Ihre körperlichen Erinnerungen sind schon so stark, dass Sie vermutlich in alte Muster hineinrutschen und plötzlich einer Struktur, einem früher gelernten Stück folgen. Lassen Sie sich davon nicht gefangen nehmen, denn es mobilisiert Erinnerungen an «richtig» und «falsch». Machen Sie sich frei davon und kommen Sie beim Spiel in Fluss. Wenn Sie das einige Tage lang tun, können Sie diese neue Kraft und Energie, diese neue Form des Herangehens auch nutzen, um sich wieder alten Stücken zuzuwenden. Aber folgen Sie dabei Ihrer Lust und finden Sie vorher immer den für Sie «richtigen» Ton.

■ BOGENSCHIESSEN – MEIN PFEIL FINDET SEIN ZIEL

«Der treffende Pfeil braucht die zielende Kraft des Loslassens – im richtigen Moment.»
Inner game Weisheit

Unerwartet packt eine Hand zu, während die andere nach dem Bogen greift. Hektisch werde ich eingespannt – die Sehne zittert. Noch in fahriger Bewegung, versucht mich die Hand auf das Ziel auszurichten. Schnell wechselt Schlaffheit mit Anspannung – fast bis zum Zerreißen ist der Bogen gespannt, wenig mehr und ich wäre rausgefallen. Abrupt und unvorbereitet sehe ich mich schlingernd in Richtung Ziel rasen. Vergeblich warte ich auf das erlösende «Pflopp». Weit über das Ziel hinausgeschossen, schlage ich schließlich auf den harten Boden, eine knirschende Spur hinter mir herziehend. Aufs Äußerste erschüttert, empfinde ich tiefes Bedauern für meine nach und nach eintreffenden Brüder...!

Nichts eignet sich mehr als Pfeil und Bogen, um für sich zu prüfen, ob man wirklich bereit ist, hinzuschauen. «Den Bogen überspannen», «übers Ziel hinausschießen», «zu früh oder zu spät loslassen» sind nur einige von vielen Aspekten, die letztlich nichts anderes spiegeln, als das, was mich ausmacht. Das kann mir zeigen, worin ich mir nicht erlaube, mein Potenzial voll zu leben. Egal welcher Punkt es ist, es ist der entscheidende, der «entscheidende» für das Danebentreffen, was in Wirklichkeit gar nicht daneben, sondern meine Form des Treffens ist. Denn einzig ich alleine veranlasse, dass der Pfeil dorthin fliegt, wohin er fliegt.

So paradox es klingen mag, die meisten Menschen wollen in ihrer Jagd auf alle möglichen Ziele nicht wirklich treffen. Sie sind nicht betroffen, die Pfeile sind nicht mit ihnen verbunden. Sie sind kein Ausdruck, keine Verlängerung des eigenen Seins und Strebens. Sie sind losgelöst und beliebig, genauso wie die Ziele, die man verfolgt. Es sind ohnehin meistens vorgegebene oder eben die, die gerade herumstehen!

So harmlos dieser losgelöste Aktivismus scheint, ist er doch sehr gefährlich, zumindest für den Schützen. Denn jeder unverbundene Pfeil, der geschossen wird, lenkt weiter von ihm selbst weg. Immer mehr Hilfsmittel und immer mehr wahllose Pfeile werden benötigt, um eine scheinbare Sicherheit aufzubauen. Die Frage, ob das Ziel sinnvoll ist, stellt sich nicht mehr, denn wichtig ist nur noch, dass es da ist, dass man es erreicht, dass man etwas zu tun hat. Ein Innehalten würde nicht nur die Sinnlosigkeit des eigenen Tuns erkennen lassen. Viel schlimmer ist die Leere, die man dann in sich spürt.

Ein Ziel zu haben und es zu erreichen, ist jedoch viel mehr. Es ist ein Herantasten, ein Herausfinden dessen, worauf es ankommt, es ist ein Einfühlen und Abwarten. Voraussetzung ist natürlich, dass man ein Ziel hat, was beim Bogenschießen sehr einfach zu sein scheint, steht es doch in bunten, kreisrunden Farben vor einem.
Bogenschießen eignet sich ideal dazu, um sich mit Themen zu beschäftigen, die mit dem Erreichen eines klar definierten Zieles zusammenhängen. Worauf kommt es besonders an? Was bringt mich hin zum Ziel, was lenkt mich ab? Wie stark muss ich mich aufs Ziel konzentrieren? Muss ich das überhaupt? Welche

Spannung ist erforderlich und wann ist der ideale Zeitpunkt zum Loslassen? Aus einem auf den ersten Blick einfachen Vorgang wie dem Bogenschießen wird ein aussagekräftiger Spiegel für eine Reihe von Themen.

Letztlich geht es darum, dass sich Erfolg nicht vermeiden lässt, wenn man sich voll und ganz auf sein Ziel einlässt, einen klaren Standpunkt hat und die richtige Spannung aufbaut.

Interessant ist auch, dass sich die Energie, die man aufbringt, erst nach dem Loslassen entfaltet. Derart behandelt, könnten die Erfahrungen aus Sicht eines Pfeils dann so aussehen:

Sorgfältig ausgewählt fühle ich mich von einer Hand gewogen. Deutlich spüre ich den Respekt, der mir entgegengebracht wird – entsprungen dem Wissen, dass wir nur gemeinsam das Ziel erreichen können. Erforschend auch die andere Hand, die sich voller Gefühl in die schön geformte Mulde des Bogens legt. Angenehm, wie wir uns begegnen; die Hände des Menschen, der Bogen und ich – jeder für sich und Einheit zugleich. Langsam verwandelt sich die heitere Gelassenheit in eine entspannte Konzentration. Das leise Klicken beim Einrasten der Sehne lässt unsere schlummernden Kräfte ahnen. Langsam, aber sicher entfalten sie sich, ausgehend von der Erde, den Wurzeln, über den Körper nach oben bis in das Denken, das jetzt eher einer weit ausgedehnten, aber gleichzeitig zielgerichteten Wahrnehmung gleicht. Wir alle werden zum Träger einer sich verbindenden Kraft, die – groß genug – beginnt, das Ziel mit einzubeziehen. Wunderlich prickelnd diese allmähliche Einigkeit in der Richtung. Stetig beginnt sich die Spannung zu erhöhen, scheinbar im Widerspruch zur äußeren Gelassenheit. Das Ziel gewinnt an Bedeutung, unmerklich, aber konstant dehnt sich unsere Energie aus. Es folgen Momente des Innehaltens, des kurzen Genießens in dem Bewusstsein, diese Energie nicht beliebig ausdehnen zu können.

Da – der Augenblick der Entscheidung, des Loslassens. Aller Schwerkraft enthoben, sause ich mit der zitternden Leichtigkeit eines Kolibris und der Entschlossenheit eines Adlers unserem Ziel entgegen. Und noch im Flug blitzt mir durch den Kopf: «Der treffende Pfeil braucht die zielende Kraft des Loslassens – im richtigen Moment.» Und beim Auftreffen weiß ich wieder, wie schön es ist, in den Händen eines Wissenden zu sein …

«Rettet das Ziel, schießt daneben.»
Ein Seminarteilnehmer

FUSSBALL – EIN SOMMERMÄRCHEN

Soll ich oder soll ich nicht? Diese Frage stellte ich mir, weil die WM 2006 für so vieles herhalten musste und immer noch muss und ich da eigentlich nichts Weiteres hinzufügen wollte. Ich habe mich aber dennoch dafür entschieden, da einige Kernpunkte des inner game sowie typische Reaktionen darauf zu beobachten waren:

Die Vorbereitung:

- Es wurden unübliche Trainingsmethoden eingesetzt, die nicht nur komisch aussahen, sondern auch so aussahen, als hätten sie mit Fußball nichts zu tun. Das normale «System» reagierte mit Häme.
- Die Trainer kamen teilweise nicht aus dem Fußball und brachten somit völlig neue Erkenntnisse und Blickwinkel mit. Das normale «System» reagierte mit Ablehnung und Entrüstung.
- Die Vorbereitungsphase wurde zum Experimentieren und Ausprobieren genutzt. Fehler waren nicht nur möglich, sondern sogar erwünscht: «Wir lernen nur aus Fehlern und wenn wir Fehler machen, dann jetzt und nicht, wenn es darauf ankommt.» Das normale «System» ließ kein gutes Haar an Mannschaft und Trainer, bezeichnete alles als falsch und prophezeite das Schlimmste.
- Der Trainer hatte eine klare Linie, die nicht den üblichen Konventionen entsprach. Er setzte sie konsequent auch gegen Widerstände durch und stärkte der Mannschaft den Rücken. Gleichzeitig kümmerte er sich auch um sich und seine Familie. Das normale «System» reagierte mit Empörung und warf ihm vor, die Sache nicht ernst zu nehmen.

Das Spiel begann:

- Die Mannschaft spielte mit offensichtlichem Spaß und war dennoch erfolgreich. Das normale «System» reagierte mit Skepsis: Es gilt: «Erst die Arbeit, dann das Vergnügen», so kann das nicht gut gehen.
- Die Mannschaft spielte offensiv und risikofreudig statt defensiv blockend. Das normale «System» reagierte mit: «Das kann nicht gut gehen, das passt nicht zu uns Deutschen. Wir sind harte Arbeiter und mit dem Potenzial können wir uns alles, nur das nicht leisten.»
- Erfolge stellten sich ein, der Weg stabilisierte sich, das Selbstvertrauen wuchs. Das normale «System» reagierte auf die Zuschauer und die neue Stimmung und schwieg zunächst.

- Die Begeisterung wuchs, die Spielfreude blieb, der Erfolg stabilisierte sich. Das normale «System» reagierte mit: «Wir sind anders geworden, so ist das bei uns jetzt.» Alles Vorhergesagte war vergessen, die Methoden wurden gelobt. Was zählt, ist der Erfolg.
- Der 3. Platz wurde gefeiert wie noch nie ein 3. Platz gefeiert wurde, so als wäre es der Sieg. Das Gefühl zu gewinnen, hing nicht vom Erreichen des 1. Platzes ab. Das normale «System» hatte umgedacht und feierte mit, schrieb sich den Erfolg auch auf die eigenen Fahnen.

Das Fazit:
- Man kann Spaß haben bei der Arbeit und dennoch eine Spitzenleistung bringen.
- Wenn man übt, sind Fehler wichtig.
- Gewinnen heißt nicht erster sein zu müssen.
- Man kann am Zenit abtreten.
- Fußball ist tatsächlich ein Spiel!

Seit der WM war alles anders. Früher da gab es bei uns im Fußballclub den Ball, das Tor, uns Spieler, den Trainer, den Schiedsrichter, das Gewinnen und das Verlieren und – es herrschte ein rauer Ton. Wir wurden gejagt und getrieben, den Platz rauf und runter, es gab die Guten und die Schlechten und es gab viel Gebrüll vor allem in Spielen, wenn wir im Rückstand waren. Nach verlorenen Spielen wurde noch härter trainiert und wir gaben ja alle unser Bestes – meistens – oft hatten wir auch einfach keine Lust. Das war bis vor der WM. Seitdem ist alles anders, vor allem, weil unser Trainer einen Lehrgang beim Bundestrainer mitgemacht hat. Ohne WM und Lehrgang wäre das niemals gegangen, wir wären nämlich gar nicht mehr zum Training gekommen.
Am Anfang redeten wir fast mehr, als dass wir trainierten, zum Beispiel über das Spiel, was ist ein Spiel, wann wird aus Spiel ernst, wofür gibt es Spielregeln, wozu den Schiedsrichter. Aber vor allem auch darüber, was für ein Spieler denn jeder Einzelne ist. Bis dahin dachten wir, es gibt Sturm, Mittelfeld, Verteidigung und wenn du da stehst, bist du es halt. Jetzt probierten wir aus, wie es jedem in jeder Rolle geht, wo man sich stark, wo eher schwach fühlt. Ja man konnte tatsächlich auch darüber reden, was man nicht so gut kann, was sich nicht so gut anfühlt. Wir lernten uns selbst und die anderen dadurch ganz anders kennen und es entstand ein ganz neues Teamgefühl. So richtete sich der Fokus zunehmend auf die Verstärkung der Stärken und offener Berücksichtigung der Schwächen. Lustig waren dabei Trainingsspiele mit unterschiedlichen Aufgaben wie zum Beispiel, soviel wie möglich falsch zu machen oder so wenig wie möglich

zu laufen, sich so wenig wie möglich anstrengen usw. Wir bekamen eine völlig neue Einstellung, hatten viel Spaß und das frühere Gebrüll wurde durch Lachen ersetzt. Außerdem entdeckte ich in dieser entspannten Atmosphäre bei mir ganz neue Qualitäten und bekam richtig Lust, diese auszubauen und auch außerhalb vom Fußballplatz zu üben. Ohne WM wäre das nie möglich gewesen, so ein «albernes» Fußballtraining und auch so war es für uns oft befremdlich, brachte der Trainer doch ständig wieder neue Überraschungen mit. So brachte er uns allen das Jonglieren bei und meinte dazu, dass das nicht nur das Ballgefühl steigert, sondern gerade auch vor Spielen den Geist frei machen und die Konzentration erhöhen könne. Auch Bogenschießen wurde zum Bestandteil, dass uns unter anderem verdeutlichte, was es heißt, erfolgreich einen Elfer zu schießen.

Ja, und das war schließlich auch bei uns nicht unwichtig, ein Ziel zu erreichen, Spiele zu gewinnen. Und wir gewannen, wir verloren auch, aber wir gaben immer unser Bestes und waren anders als früher ein echtes Team, nicht ein aufgestelltes, wo jeder mehr oder weniger seiner Arbeit nachgeht. Wir unterstützten uns gegenseitig, motivierten uns. Wir wussten ja jetzt auch, wer von uns eher stark wird, wenn wir vorne liegen und wer eher genau dann, wenn wir hinten liegen. Das ist sehr wichtig für die einzelnen Phasen des Spieles und bei jedem sehr unterschiedlich. Die ersten Spiele gewannen wir übrigens hauptsächlich, weil unsere Gegner verunsichert waren. Nicht wegen unseres Spiels, sondern weil manches so anders war. Das fing beim Jonglieren zum Warmwerden an, ging über das offensichtlich entspannte Zusammenspiel und jegliches Fehlen von Vorwürfen bei offensichtlichen Fehlern. Das brachte die anderen so aus dem Tritt, dass sie den Ball nicht mehr richtig trafen!

GOLF – DAS SPIEL DES LEBENS

Wenn Sie Golf spielen, wissen Sie, was damit gemeint ist. Wenn Sie nicht Golf spielen, haben Sie sicherlich schon mal Golfer erlebt, die stundenlang, rätselhafte Begriffe verwendend, über Golf geredet haben, ganz so, als wäre es das Wichtigste im Leben. Das ist Golf sicher nicht, es ist aber ein äußerst eindrückliches Beispiel, das eigene innere Spiel in einem kleinen Ball wiederzufinden. Der inner game Coach Frank Pyko sagt dazu:

Golf ist flüchtig.
Golf macht demütig.
Golf macht süchtig.

Golf ist flüchtig

Das Einmalige am Golf ist der einmalige Schlag: Ein Schlag und der Ball ist weg. Entweder man trifft oder man trifft nicht. Korrekturmöglichkeiten hat man nicht. Ein zögerliches Herantasten an den Ball gibt es nicht. Entweder oder, die Entscheidung muss man immer wieder fällen. Jeder Kompromiss wird bestraft. Du bist Meister oder gar nichts. Mittelmaß gibt es nicht und jeder weiß es. Schlage oder lasse es sein! Gib alles, was du hast und was du bist oder scheitere im Zweifeln. Es gibt kein Versuchen, nur Tun. Ein hervorragend gespieltes Loch wird durch ein schlecht gespieltes zum Durchschnitt. Jeder Schlag ist einmalig und alle hängen zusammen.

Golf macht demütig

Es ist sehr schwierig, sich beim Golf etwas vorzumachen. Anders als bei manch anderer Sportart, wo Ärger durchaus Kräfte mobilisieren kann, führt das beim Golf zum Gegenteil.

Weder ein Mitspieler, besser gesagt ein weiterer Einzelspieler, noch das Material oder das Wetter sind wirkliche Einflussfaktoren. Man spielt mit sich selbst und schaut dabei direkt und ungeschminkt in einen Spiegel. Es gibt keinen Gegner außer in sich selbst, und den kann man genauso gut zum Freund haben und schon fliegt der Ball ganz anders.

Golf macht süchtig

Die kleinste Veränderung hat eine große Auswirkung. Das erfordert Mut, ist kompromisslos und es entzieht sich dem reinen kontrollierten Verstand. Und gerade deshalb ist Golf so aufregend, so belebend, so herausfordernd und lässt viele nicht mehr los.

Lange hatte ich mir überlegt, ob ich damit überhaupt anfangen soll, denn eines schien sich bei allen gleichermaßen bemerkbar zu machen. Sie konnten nicht mehr aufhören und wenn sie nicht auf dem Golfplatz waren, redeten sie bei jeder Gelegenheit darüber. Ich hatte aber noch einen Beruf, Familie und sonstige Interessen. Aber ich war einfach zu neugierig, was an diesem kleinen Ball das Besondere sein

soll und so buchte ich einen inner game Golfkurs. Frisch gewandet, schwer beladen mit Eisen (den Schlägern), dafür aber ganz ohne Handicap schlenderte ich mit den anderen Anfängern über einen Rasen, wie ich ihn mir in meinem Garten schon lange wünschte. Unser Golflehrer wollte weder Pro noch Contra genannt werden (Golflehrer nennen sich Pro, weil sie für Golf sind!). Er nannte sich Coach und hieß Frank. Frank ließ uns unsere Schläger weglegen und einen Golfball nehmen. Und während wir mit dem Ball in unseren Händen spielten, kamen wir in ein lockeres Gespräch darüber, was wohl alles in diesem kleinen weißen Ball stecken könnte und was wir darüber schon gehört hatten. Den anderen ging es wie mir. Die Bandbreite reichte vom größten Glücksgefühl über Abenteuer, Spaß und Freude bis zu Verzweiflung, Frust, Resignation und Selbstzweifeln, ganz wie im Leben. Allein aus der Zusammenfassung dessen, was wir bisher gehört hatten, zeigte sich schon die Dimension dieses Spiels, das nicht umsonst «Spiel des Lebens» genannt wird.
Während wir langsam zur Driving Range schlenderten, sagte Frank, dass Golf ganz leicht sei, vor allem die guten Schläge, das seien die leichtesten. Schwer sei lediglich die konstante Wiederholung des Leichten, wie wir es vom Leben ja kennen würden. Frank meinte, es sei Ball und Schläger ganz egal, wie wir schlagen, und ihm als Lehrer übrigens auch. Das ist Contra, dachte ich, ich hätte doch besser zu einem Pro gehen sollen!
Während Frank sich einen Schläger nahm und sich locker zum Schlag aufstellte, sagte er zu uns, dass wir jetzt herausfinden, was einen Schlag eigentlich ausmacht. Wir sollten ihm einfach bei ein paar Schlägen zuschauen, es dann selbst versuchen und uns dabei gegenseitig beobachten. Und so ging jeder zu seinem «ersten Mal». Ich fand das In-die-Luft-schlagen sehr beeindruckend, und geradezu begeistert war ich, als ich zum ersten Mal dieses kurze Klack hörte, dem ein herrlicher Flug des Balles folgte.
Da wir keinerlei technische Anweisungen bekamen, probierte es jeder auf seine Art. Danach tauschten wir unsere Erfahrungen aus, gefolgt von ein paar weiteren Schlägen von Frank, die wir ebenfalls kommentieren sollten. Dabei fiel dem einen die Fußstellung auf, dem anderen die Handhaltung, dem nächsten die Blickrichtung. Einer fragte, wieso Golfer immer so komische Kniebewegungen machen, und so gingen wir mit immer neuen Eindrücken in die folgenden Runden. Jeder probierte dabei etwas anderes aus und veränderte da und dort etwas. Und wenn es auch nur Kleinigkeiten waren, so erhöhte sich die Trefferquote doch deutlich. Auf diese Weise – Frank beobachten, Austausch, Ausprobieren, Austausch usw. – machten wir noch einige Runden und als alle einmal erlebt hatten, wie es ist, wenn der Ball nach dem Abschlag wie von unsichtbarer Hand gezogen sich selbst beschleunigend davon saust, sagte Frank: «Das ist Golf und ab jetzt geht es darum, diesem Gefühl auf der Spur zu bleiben.»

Er forderte uns auf, uns einmal umzusehen und die anderen Golfer auf der Driving Ranch zu beobachten, wie nahe sie unserer Meinung an dem ihnen eigenen Schlag seien. Was wir mit unseren Laienaugen sahen, war verblüffend: Jeder machte es anders, im Bemühen, eine bestimmte Form zu finden. Die meisten waren mehr verkrampft als entspannt und von Genuss und Freude war nicht viel zu sehen. Das, worauf wir die ganze Zeit geachtet hatten, nämlich Antworten auf die Frage: «Was macht es mir leicht?» zu finden, schien dort eher zu lauten: «Warum ist das nur so schwer?» oder «Was muss ich tun, damit ich besser treffe?». Wenig Wohlwollen sich und dem eigenen Körper gegenüber, kaum Akzeptanz der eigenen körperlichen Befindlichkeit und Beweglichkeit, lediglich Ungeduld, Ärger und Frustration war zu erkennen. Es sah auch nicht schön aus. Hier wurde das Spiel zur harten Arbeit mit viel Verbissenheit und äußerster Anstrengung, als sei es ein Kampf.

Ziel ist es allerdings, und das weiß mehr oder weniger bewusst jeder, der Golf spielt, in Fluss zu kommen, den inneren mit dem äußeren Schwung zu verbinden, sich an Grenzen heranzuwagen und loszulassen. Die richtige Technik, der natürliche Schwung folgen dann von selbst. Die Frage ist lediglich, wie man dahin kommt. Frank meinte, es ist nicht nötig zu wissen, wie es geht und wie die Einzelteile des Schwungs aussehen, sondern vielmehr seinem Körper nach und nach zu erlauben, sich diesem natürlichen Schwung anzunähern. Denn wenn Sie einen Könner beobachten, werden Sie merken, dass es leicht ist, dass nichts stockt oder zögert, dass sich Kräfte aufbauen und an einem bestimmten Punkt schwungvoll entladen. Und das kann jeder von uns, wenn auch nicht von heute auf morgen, da unser Körper diesen Schwung erst entdecken muss. Beim inner game kommt dieser Schwung von innen, vom Spieler selbst und nicht von außen in Form von Technik oder Anleitung.

«Schauen Sie in sich, dort werden Sie Ihren Schlag finden und nicht beim Trainer oder bei anderen. Und alles, was Sie ab sofort beim Golf erleben werden, alles hat unmittelbar mit Ihnen und Ihrem Leben zu tun. Denn so, wie Sie beim Spazieren über die Hügel des Golfplatzes Höhen und Tiefen überwinden, wird auch Ihr Golfspiel Sie zu Höhen und Tiefen führen. Sie und Ihr Ball werden nass werden, sich Widerständen ausgesetzt sehen. Alles ist wie im Leben, in dem wir ohne unsere Tiefs die Höhen gar nicht richtig zu genießen wüssten. Wenn es Ihnen gelingt, das anzunehmen und in Ihr Golfspiel mit einzubeziehen, werden Sie Ihr Leben auf vielfältige Weise erforschen können.»

Damit verabschiedete sich Frank und ging zu ein paar Herren, die bereits auf ihn warteten. Vorstände einer Bank mit Handicap, wie Frank uns sagte, die beim Golfen Erkenntnisse über ihr Selbstmanagement gewinnen wollten.

SKI FAHREN – GEKONNTES (AUS-)RUTSCHEN

Nach einem längeren Marsch in Dunkelheit und Kälte stehe ich auf dem Gipfel eines schneebedeckten Berges. Der Berg gegenüber erstrahlt im ersten Sonnenlicht. Lebendige Stille und unberührter Schnee umgeben mich. Leicht und luftig, diese weiße Form des Wassers. In der aufgehenden Sonne spüre ich ein angenehmes Kribbeln, das sich langsam im ganzen Körper ausbreitet. In meiner Wahrnehmung dehne ich mich durch die Füße nach unten aus, durch den tiefen Schnee hindurch bis zum Felsen, auf dem ich stehe. Und weiter breitet sich meine gerichtete Aufmerksamkeit wie Wurzeln aus. Ich fühle mich sicher getragen und eins mit der Natur in diesem erhabenen Augenblick. Die Sonne erreicht mich und irgendetwas beginnt zu leben, winzige Kristalle glitzern im Licht. Ich spüre, dass der Moment gekommen ist und stelle mich darauf ein, alles loszulassen, mich ganz meinem Körper und dem Schnee hinzugeben. Wie eine Katze vor dem Sprung befinde ich mich in einem Zustand der entspannten Konzentration. Ich bin weich und gespannt gleichermaßen.

Ich beginne zu gleiten, erst langsam, dann immer schneller, und schon ist sie da, diese vertraute Sicherheit, diese Geborgenheit. Im permanenten Wechsel zwischen Geben und Nehmen, zwischen Auf und Ab verbindet sich mein Rhythmus mit dem der Natur. Unsichtbare Ski unter der Schneedecke, angenehmer Widerstand an meinen Beinen, frische Luft im Gesicht. Ich bin der Erste, der durch diese luftige und doch tragende Schneedecke fährt. Glücksgefühle tauchen auf und entlocken mir laute Jauchzer. Das ist Fließen, Loslassen, Harmonie, Kraft. Eine weiße Staubwolke hinterlassend, verschwinde ich hinter dem nächsten Hügel.

Wenn man sich die Frage stellt, was diesen Skifahrer unterscheidet von jenem, der zum ersten Mal auf Skiern steht, wird Folgendes deutlich: Dieser Skifahrer hat das Rutschen zu seiner Kunst gemacht, für den Anfänger ist rutschen noch mit ausrutschen verbunden. Das Vermeiden des Ausrutschens oder damit verbundene Gegenreaktionen sind im normalen «gehenden» Alltag nicht nur selbstverständlich, sondern sogar wichtig. Nicht beim Skifahren! Hier ist es wesentlich, das Rutschen zum Verbündeten zu machen. Denn die Kunst des Skifahrens ist gekonntes dauerhaftes zielgerichtetes (Aus-)Rutschen.

Beim inner game Skifahren geht es daher vom ersten Augenblick an darum, sich mit diesem Rutschen anzufreunden, natürliche körperliche Reaktionen anzuerkennen und mit den Folgererlebnissen des Rutschens, dem Fallen zu experimentieren.

Denn der Versuch, das Fallen zu vermeiden oder gar die Angst davor, führen zur Anspannung und diese erhöht wiederum die Wahrscheinlichkeit des Fallens. Neben dem Spaß am Rutschen ist daher in der Anfangsphase auch eine intensive Kontaktaufnahme mit dem Medium Schnee sehr wichtig, am besten, indem man öfter mal ein Ganzkörperbad darin nimmt.

Würde man den Körper eines Anfängers beobachten, ohne dass man wüsste, dass dieser gerade mit Ski fahren beginnt, würde meistens Folgendes auffallen:

- Er schaut sich ängstlich um, so als würde er Hilfe benötigen.
- Dabei hält er sich kraftvoll an zwei Stöcken fest.
- Es scheint, als stünde er an einem Ort von dem er sich nicht wegbewegen dürfe.
- Wenn er es doch tut, sieht es aus, als würde er sich auf Eiern bewegen.
- Der sichtlich fieberhaft arbeitende Kopf steht in grassem Gegensatz zu einem steifen und verspannten Körper.

Kein Wunder, dass er dankbar jeden Tipp des Skilehrers annimmt, der ihm aus diesem Dilemma helfen könnte. Dabei ist es äußerlich nicht zu lösen, schon gar nicht mit dem Kopf, der sich soweit wie möglich vom Ort des unangenehmen Geschehens – den Füßen – wegzustrecken scheint. Stattdessen gilt es die Wahrnehmung und Energie genau dorthin, nach unten in die Füße und von dort durch die Ski hindurch zur Unterlage, dem Schnee,zu lenken. Das gilt nicht nur für Anfänger, auch der Könner ist gefordert, sich vertrauensvoll dem Ski und seinen Kanten hinzugeben, um damit das Maximum aus ihm herauszuholen. Somit ist die natürlicheReaktion,weg vom Ort des Ausrutschens zu ersetzen durch das Ausprobieren, wie ich möglichst nahe herankomme an das Gleiten, wie ich die Kanten spüren lerne und wie ich einen engen und guten Kontakt zum Schnee herstelle.

Ein erster Schritt ist es, einfach anzuerkennen, dass das ungewohnte Rutschen und die damit verbundene Angst vor dem Ausrutschen oder gar Abrutschen ins Tal eine völlig normale und richtige Reaktion ist.

Ich hatte einmal einen Anfänger in der Gruppe, der als hervorragender Redner und Denker bekannt war und auch jetzt beim Ski fahren lernen deutlich sichtbar seine großen intellektuellen Fähigkeiten einsetzte. Je rutschiger es für ihn wurde, desto mehr versteifte sich der immer aufrechter werdende Körper auf dem ein überdimensionierter Kopf zu sitzen schien. Erst als ich ihn aufforderte, entweder seinen Kopf direkt auf die Bindung zu schnallen oder intensiv darüber nachzudenken, ob der Kopf oder der Körper Ski fahren könne, begann er sich zu entspannen und sich den tieferen Ebenen seines Daseins – sprich seinem Körper – anzuvertrauen. So gewohnt, alles mit dem Kopf zu lösen, war das ein eindrückliches und auch für alle anderen Teilnehmer sichtbares Beispiel, welche kontraproduktive Rolle unser Kopf einnehmen kann.

Um nun möglichst schnell einen guten Kontakt zur Unterlage herzustellen, beginnen wir mit Anfängern daher damit, dass sie zunächst nur einen Ski anschnallen und den anderen Fuß sozusagen als sicheres Standbein ohne Ski lassen. Wir experimentieren spielerisch damit und auf einem Ski, begleitet von so manchem Gelächter, findet jeder für sich interessante Aspekte des Rutschens heraus. Wie gehe ich mit so genannten Ausrutschern um? Woher bekomme ich Sicherheit im Gleiten?
Nachdem man den Ski auch mal am anderen Fuß probiert hat, kommt irgendwann ein Moment der Störung. Das Gleiten wird gestört und zwar durch den Fuß ohne Ski: Jener Fuß, der kurz zuvor noch für Sicherheit stand, wird zum Hindernis, dem leicht abgeholfen werden kann, indem beide Ski angeschnallt werden. Wir sind an dem Punkt, wo die Befürchtung des Ausrutschens durch die Lust am Gleiten ersetzt wurde.

Zwangsläufig kommt man dann relativ bald zu einem weiteren, äußerst spannenden Aspekt des Skifahrens. Man findet sich in der Situation, mit zwei Skiern ein Stück gefahren zu sein und sich dem seitlichen Pistenrand zu nähern. Jetzt hilft nur noch eines, man muss die Kurve kriegen.
Schnell ist üblicherweise jemand bei der Hand, der sagt, wie das geht, was man machen muss, wie die Stöcke halten usw. Uns geht es aber darum, wirklich die Kurve zu kriegen, im wahrsten Sinne des Wortes. Das bedeutet, nicht nur nach der Leichtigkeit der Kurve zu forschen, sondern auch die Befürchtungen und Ängste anzunehmen, die darin liegen können. Und für manchen Anfänger, der noch nie in den Bergen war, kann der Blick den Hang hinunter durchaus dazu führen, dass sehr unangenehme Gefühle auftauchen.

Viele Kurventechniken, die man Anfängern zumutet, sind daher Vermeidungstechniken. Es wird vermieden, sich einzugestehen, dass man einfach Angst hat. Dabei geht es genau darum, diese Angst nicht zu vermeiden, sondern sie kennenzulernen. Dazu muss man sie an sich heranlassen, sie annehmen, sie gerne haben und beginnen, mit ihr zu spielen. Schnell findet man heraus, dass es die Angst vor dem Tal, vor dem Fallen und davor ist, dass einem alles entgleitet und man keine Kontrolle mehr hat. Ein Pflugbogen, bei dem die Skispitzen zusammen, die Skienden weit auseinander sind, ermöglicht es, sich langsam an diesen Moment heran zu tasten, ihn so lange wie möglich zu vermeiden und sich anzuspannen. Aber irgendwann muss man sich überwinden, um sich, kaum ist sie herum, schon wieder der nächsten dieser unangenehmen Kurven gegenüber zu sehen.

Interessant ist auch hier wieder, dass das zwangsläufig damit einhergehende Festhalten und Anspannen genau das Gegenteil dessen bewirkt, was die Kurve braucht. Es geht weniger darum, dass ich weiß, wie etwas geht und es dann nachmache, sondern mehr darum zu erkennen, was man tut, wie man reagiert und was den rhythmischen Wechsel zwischen Anspannung und Entspannung, zwischen Festhalten und Loslassen fördert bzw. behindert.
Es löst sich etwas und auch hier ist loslassen der Schlüssel. Erst dieses Loslassen gibt dem Körper die Geschmeidigkeit, die er zum schnellen Lernen braucht. Der Schritt zum Wedeln, dem Flow beim Skifahren, ist dann nicht mehr weit. Es geschieht von selbst, weil es eine der schönsten und offensten Formen ist, sich auf Skiern mit der Natur zu verbinden. Mit weniger sollten Sie sich nicht begnügen!

TENNIS – DER MIT DEM BALL TANZT

Du siehst den Ball näher kommen, direkt auf dich zu. Du erkennst die Härchen des Balls, kurz bevor du ein angenehmes Plop hörst und der Ball sich langsam um sich selbst drehend wieder in die andere Richtung beschleunigt. Du bist ganz bei dir, deine Beine tanzen über den Platz, dich immer in deiner Balance haltend. Du folgst deinem Körper und seinen Impulsen und er folgt dir. Dein Schwerpunkt ist immer so, dass dich nichts aus dieser Balance bringt. Der Ball kommt, du nimmst ihn an, lässt dich von ihm bewegen, gibst ihm nach, schon bevor er da ist, um ihm dann etwas zu geben, was ihn sich wieder bewegen lässt. Du spürst den Schläger als einen Teil von dir, als Verlängerung deines Armes. Fließend sind deine Bewegungen, dein Körper ist wach, präsent und entspannt, dein Atem geht ruhig und gleichmäßig. Mit jedem Schlag spürst du, wie deine Kraft sich ausbreitet und über Arm und Schläger sich auf den Ball überträgt. Für einen Moment ist er Teil von dir, bevor er sich in schöner Bahn entfernt. Du folgst dem Ball mit den Augen und dein Körper bewegt sich mit. Bevor der Gedanke da ist, bewegt er sich schon in eine bestimmte Richtung, so als ahne er, wohin der Ball zurückkommen wird. Schlag folgt auf Schlag, es ist ein kraftvoller Rhythmus, wie tiefes einatmen und ausatmen. In jedem Muskel spürst du deine Bewegungen, die sich mit denen des Balles immer mehr verbinden. Gefühle tauchen auf, du bist bei dem Ball, er ist mit dir. Gefühl und Ball verbinden sich. Alles spielt sich nur im Moment ab, alles ist eins, nichts ist schlecht, nichts ist gut. Es gibt keine Vergangenheit, die ermahnt und keine Zukunft, die Befürchtungen auslöst. Es gibt nur das Jetzt Es gibt mich und meinen Partner und den Ball, der uns verbindet, den wir bewegen, der uns bewegt.

Wenn Sie sich diese Art des Tennisspiels verinnerlichen – egal ob Sie Tennis spielen oder nicht – und wenn Sie es noch etwas länger wirken lassen, zum Beispiel, indem Sie einmal in Ihren Körper hineinhören, was er zu dieser Art des Tennisspielens «meint», werden Sie von dort vermutlich die Antwort bekommen: «Das ist die natürliche Form, genau dahin tendiere ich als Körper!»

Beim Tennis ist vermutlich nicht aus Versehen die Geburtsstunde des inner game zu finden, gleich gefolgt von Golf, hat man doch neben der Bewegung immer wieder reichlich Zeit, den Kopf einzuschalten. Bei anderen Sportarten kommt man vor lauter Bewegung und ständig neuer Herausforderung nicht in dem Maße dazu. Beim Tennis ist dagegen viel Zeit, um die Gedanken in die Vergangenheit und in die Zukunft zu lenken. Beim Blick zurück dominiert oft der Ärger über schlechte oder verschlagene Bälle und Chancen, beim Blick in die Zukunft Ängste über das, was passieren kann. Gleich in welche Richtung es gerade geht im Kopf, es führt zur Ablenkung vom eigentlichen Spiel. Das hat aber nichts mit dem zu tun, was wirklich ist, denn die Verwirrung kommt nur aus dem Denken. Und wenn dieses sich mit negativen Aspekten aus Vergangenheit und/oder Zukunft befasst, wirkt das erheblich auf den Körper und zwar nicht förderlich.

Beim Tennis kann man daher besonders gut beobachten, was das innere Spiel mit einem selbst macht und wie unmittelbar sich das auf den ausführenden Körper auswirkt. Und hier wieder in das Jetzt zu kommen, ist daher genauso erfolgversprechend, wie im Leben sonst auch. Und wenn es gelingt, wird man feststellen, dass man von alleine Wege findet, um mit der momentanen Situation fertig zu werden.

Drei Ansatzpunkte sind hier möglich:

1. Sie lösen sich vom Problem und geben Ihrem Körper die Führung. Nehmen Sie dazu den Satz: «Ich lasse los», und kombinieren Sie ihn mit dem, was Sie loslassen wollen. Zum Beispiel: Ich lasse los, meinen Ärger über meine Rückhand!, oder: Ich lasse los, meine Furcht vor dem Gegner! Diese und ähnliche Sätze mehrfach innerlich formuliert, führen zu einer Distanz zum Problem und ermöglichen damit dem Körper, wieder in sein Spiel zu finden.

2. Sie beschäftigen Ihren Kopf mit etwas anderem. Neben dem bewussten Wahrnehmen des eigenen Atems, finde ich es immer sehr hilfreich, sich auf die Härchen des Tennisballs zu konzentrieren. Das erfordert nicht nur die volle Konzentration und lässt überhaupt keinen Platz für andere Gedanken, es führt auch automatisch dazu, dass der Körper sich ganz von alleine ausrichtet, früh ausholt und auf wundersame Art genau im richtigen Moment zuschlägt. Das ist immer wieder überraschend, was da passiert, wenn man einfach nur das Muster oder die Härchen des Balls anschaut. Auch sehr wirksam ist ein laut oder halblaut ausgesprochenes Tic, wenn der Ball am Boden aufschlägt und ein Tac, wenn er auf den Schläger trifft, wobei darauf zu achten ist, dass beide Aktionen exakt genau im gleichen Moment sind, also Ihr gesprochenes Tic und der Aufprall am Boden.

3. Die dritte Möglichkeit, ins Jetzt zu kommen, ist, sich mit Unterstützung eines Coachs noch intensiver mit dem eigenen inneren Spiel und dessen Auswirkungen zu beschäftigen und dabei nicht nur besser Tennis spielen zu lernen, sondern den Körper als Spiegel für das eigene Leben zu nutzen.

Tennisspieler (T): Meine Rückhand ist einfach nichts, die ging noch nie. Obwohl ich schon so lange Tennis spiele, habe ich nie ein Gefühl für meine Rückhand entwickelt. Manchmal geht es besser, dann wieder gar nicht. Und wenn es drauf ankommt, ist sie ganz weg, dafür aber mein Frust umso größer.
inner game Coach (C): Ich spiele dir jetzt die Bälle auf die Rückhand und du versuchst einmal nicht die richtige, die gute Rückhand, sondern die Frustrückhand. Ziel ist im Moment rauszufinden, was es mit deiner Rückhand auf sich hat und nicht sie zu verändern.
T: Ich fühle mich beengt, habe keinen Platz.
C: Wo spürst du das im Körper?

T: Im Bauch und im Brustkorb, ja, ich halte fast die Luft an.
C: Verstärke das, halte noch mehr die Luft an, sorge für noch mehr Enge, achte darauf, was passiert.
T: Komisch, ich fühle mich eigentlich ganz wohl damit, auf eine Art geschützt. Nichts kann an mich ran.
C: Genau, bleibe eng und sorge dafür, dass nichts an dich rankommt. Ich werde die Bälle jetzt etwas beschleunigen. Halte sie dir vom Leib.
T: (schlägt wie wild um sich) Die Bälle werde ich los, nur wo fliegen die hin. Das erinnert mich an Befreiungsschläge. Hauptsache weg damit.
C: Genau das ist deine Rückhand, es sind Befreiungsschläge. Jetzt müssen wir noch herausfinden, wovon du dich befreien möchtest. Bleibe in dieser Grundhaltung und lenke deine Wahrnehmung jetzt mehr auf den Ball als etwas Bedrohliches. Was bedroht dich?
T: Er kommt so schnell und so unvermittelt, ich habe keine Zeit und wenn er dann noch in einem hohen Bogen kommt, verliere ich jegliches Körpergefühl. Der bringt mich ständig aus dem Konzept.
C: Ja, und deshalb drischst du auf ihn drauf, kaum dass er in erreichbarer Nähe ist. Du lässt den Ball nicht an dich ran! Spiel mal damit, was könnte das bedeuten?
T: Ich trau mich ja fast nicht, das zu sagen, aber ich habe tatsächlich Angst vor dem Ball. Aber nur bei der Rückhand. Ich habe Angst, ihn nicht gut zu treffen, daneben zu hauen, einen Fehler zu machen. Und dann haue ich drauf und mache den Fehler, und dann habe ich noch mehr Angst und mache wieder Fehler und immer so weiter.
C: Der erste Schlüssel ist deine Angst, den Ball an dich ranzulassen und in der Tat hat dein Körper alle möglichen Strategien entwickelt, sich den Ball vom Leibe zu halten. Und wie es mit Dingen so ist, die man sich unbedingt vom Leibe halten will, rücken sie einem oft immer mehr auf die Pelle. Ich spiele dir jetzt einige Bälle auf die Vorhand. Achte einmal auf den Unterschied. Wie ist es da, den Ball an sich herankommen zu lassen.
T: Oh, das ist herrlich entspannend. Genauso hätte ich es gerne bei der Rückhand.
C: Bleibe noch einen Moment dabei, was es angenehm macht. Wie stehst du, wie schaust du dem Ball entgegen, was empfindest du, wenn er kommt, wo schlägst du ihn. Bleibe einfach in dem angenehmen Gefühl und forsche ein wenig.
T: Tja, da ist alles ganz anders, leichter, ich lasse den Ball auf mich zukommen, ich habe Zeit und vor allem, ich fühle mich wohl bis er wieder weg ist. Bei der Rückhand fängt das Unwohlsein schon in dem Moment an, wenn ich merke, dass es eine Rückhand wird.

C: Nimm jetzt dieses Gefühl mit, wenn wir nochmals Rückhand spielen. Achte nur darauf, dass dieses angenehme Gefühl erhalten bleibt und lasse den Ball ganz nah an dich herankommen. Wo er hinfliegt, spielt keine Rolle.
T: (nach einigen Schlägen) Unglaublich, das ist ja noch schöner als bei der Vorhand. Das fühlt sich unglaublich rund an und ich habe viel mehr Zeit, als ich dachte.
C: Ja, die Rückhand ist eigentlich ein viel natürlicherer Schlag. Denn sie kommt aus der Mitte und öffnet sich, während die Vorhand von außen nach innen geht und daher einen ganz anderen Charakter hat.

«Weitersagen: Rückhand ist leichter als Vorhand!»
Inner game Weisheit

JOGGEN – ICH LAUFE, ES LÄUFT

«Es ist der Lauf des Lebens:
alles hängt davon ab, WIE man müde wird;
dass man müde wird, ist gegeben.»

«Wenn man langsam läuft, läuft man immer noch schnell genug, um zu erkennen, dass die Unsterblichkeit eine Illusion ist.»

«Laufen kann man wie atmen – überall.»

Es gibt so viele Tipps und Anweisungen rund ums Laufen, dass ich im Folgenden nur diese drei Zitate von Reinhold Dietrich näher betrachten möchte.

Stellen Sie sich vor, Sie würden atmen als Sport betrachten, einen Atemkurs belegen und Bücher übers Atmen lesen. Sie würden erfahren, dass atmen gesund ist, es verschiedene Atemtechniken gibt und man es regelmäßig ausführen sollte. Sie gehören zu einem der fünf Typen: Typ 1 atmet, Typ 2 betreibt atmen regelmäßig, egal zu welcher Jahreszeit, Typ 3 betreibt es bei schönem Wetter und wenn die Gesundheit es fordert, Typ 4 hat es versucht, aber aufgrund von Atemlosigkeit bald wieder aufgegeben, Typ 5 versucht es lieber erst gar nicht.
Wenn Sie einmal ganz ehrlich sind, welcher Typ sind Sie? Richtig Typ 1, denn Typ 3–5 sind schon längst erstickt, während Typ 2 mit permanenten Krämpfen zu tun hat.

Das lässt sich nun leicht aufs Laufen übertragen, wobei mit Laufen die verschiedenen Formen der Bewegung in der Natur gemeint sind wie Joggen, Nordic Walking, Langlauf, Wandern, Gehen usw.

Wenn Sie es nicht tun, dann tun Sie es einfach ab sofort, ohne Frage nach richtig und falsch, sondern einfach deshalb, weil es das ist, was den Menschen vorwärts bringt: es geht, es läuft, Lebenslauf, Kreislauf, sogar das Geld ist im Umlauf. Überall geht oder läuft etwas und der Mensch war von Anfang an ein Läufer. Wussten Sie, dass kein anderes Säugetier auf Land über die Ausdauer eines Menschen verfügt? Also machen Sie sich keine Gedanken, ob Sie laufen wollen oder nicht, sondern laufen Sie einfach, weil das zu Ihrer Natur gehört. Und zwar so, wie Sie atmen, ohne darüber nachzudenken: «Ich atme, also laufe ich.»

«Wenn man langsam läuft, läuft man immer noch schnell genug, um zu erkennen, dass die Unsterblichkeit eine Illusion ist.»

Wir sind es gewohnt irgendwo hin zu laufen, anzukommen, ein Ziel zu haben und dieses möglichst schnell zu erreichen. So wird Laufen auch oft mit Zielen verbunden, Abnehmen, Ausdauer, Fitness und vor allem Schnelligkeit. Nehmen Sie stattdessen das Ziel zu laufen, wie zu atmen, selbstverständlich und entspannt, werden Sie gar nicht auf die Idee kommen, schneller zu laufen als so, dass es sich gut anfühlt. Laufen Sie so langsam, dass Sie sich, ohne außer Atem zu kommen, mit dem obigen Zitat befassen können und äußere Laufziele verblassen. Verabschieden Sie sich vom Glauben, dass es weh tun muss, damit es etwas nutzt. Das Gegenteil ist der Fall, wie es mittlerweile auch bewiesen ist. Tatsache ist, dass die meisten zu schnell laufen, um bei sich anzukommen. Manche meinen dazu, das würden sie deshalb tun, um sich nicht selbst zu begegnen. Den Blick auf ein fernes Ziel gerichtet, laufen Sie ständig vor sich weg und machen Ihren Körper zu einer Laufmaschine, die so fern ist, dass man selbst sein Herz auf der Uhr ablesen muss.

«Es ist der Lauf des Lebens: alles hängt davon ab, WIE man müde wird; dass man müde wird, ist gegeben.»

Ist das nicht entspannend, sich einmal zu vergegenwärtigen, dass ein heute noch so durchtrainierter schnell laufender Körper irgendwann müde wird? Natürlich kann es ein absolutes Hochgefühl sein, sich ganz in seiner Kraft zu fühlen oder beim Marathon zu merken, dass man sich bzw. den inneren Schweinhund überwinden und ungeahnte Kräfte mobilisieren kann. Aber das sind Ausnahmen und wenn man mit Laufen nicht sein Geld verdient, macht es durchaus Sinn, sich und das eigene Leben mit zum Laufen zu nehmen.

Im Folgenden finden Sie einige Beispiele, was man mit Laufen alles verbinden kann, wobei es empfehlenswert ist, lieber mit einem der «Bilder» öfter zu laufen, satt ständig zu wechseln:

- Entspannen Sie alle Muskeln, die Sie nicht zum Laufen brauchen.
- Achten Sie auf Ihren Kreislauf und lassen Sie sich nur von ihm leiten, nicht vom Kopf
- Hören Sie auf die Geräusche.
- Achten Sie auf Gerüche.
- Erkunden Sie während des Laufens Ihren Körper, die Muskeln, Gelenke, das Nervensystem, alle Organe.
- Achten Sie auf alle Farben, die Ihnen begegnen.
- Atmen Sie in Ihr Herz während Sie laufen.
- Laufen Sie mit einem Lächeln und schicken Sie es überall in Ihrem Körper hin.
- Laufen Sie wie ein Tanz.
- Lassen Sie Ihre Füße beim Laufen eine Geschichte erzählen.
- Laufen Sie wie Ihr Lieblingstier bzw. mit dessen Bewegungsqualität.
- Laufen Sie wie der Wind – luftig leicht.
- Laufen Sie wie der Fluss – flüssig.
- Laufen Sie wie die Erde – kraftvoll verbunden.
- Laufen Sie wie das Feuer – feurig heiß.
- Laufen Sie wie ein fröhliches Kind.
- Sonniger Tag: Laufen Sie mit der Sonnenenergie, so als könnten Sie diese direkt in Kraft umsetzen.
- Regentag: Spüren Sie das Wasser in sich.
- Lebenslauf: Nehmen Sie die Erfahrungen dieses Laufes als Analogie für Ihr Leben.
- Laufen Sie so, dass Sie Weisheit erlangen.
- Laufen Sie so, als ob es Ihr letzter Lauf wäre.
- Laufen Sie wie ein Geheimnis.
- Laufen Sie mit der Frage: «Was ist mein Weg?»
- Laufen Sie mit der Frage: «Bin ich auf dem richtigen Weg?»

- Laufen Sie mit der Frage: «Woran erkenne ich meinen Weg?»
- Berglauf: Laufen Sie, als wäre der Berg Ihr Freund.
- Laufen Sie mit einem weisen Spruch, einem Gebet, einem Gedicht, einer Geschichte.
- Laufen Sie, wie Sie wollen, es ist der Lauf Ihres Lebens.

Viele weitere Hintergründe finden Sie im sehr empfehlenswerten Buch «Nach innen laufen», von Reinhold Dietrich.

«Als Läufer ist man unweigerlich in Bewegung. ‹Bewegung› im umfassenden Sinne ist ein Geheimnis, das man lüften kann und das dennoch Geheimnis bleibt. Andersherum gesagt, lässt sich der Sinne des Laufens genauso leicht oder genauso schwer fassen wie der Sinn des Lebens.» Reinhold Dietrich

TANGO ARGENTINO – FÜHREN UND GEFÜHRT WERDEN

«Der Mann führt!
Außer er führt nicht, dann führt die Frau.
Außer sie führt auch nicht, dann führt keiner.
Und dann ...?»

Wenn Sie sich den Vogelschwarm am Himmel oder den Fischschwarm im Meer anschauen, dass diese Tiere harmonische Bewegungen miteinander ausführen, langsame und schnelle Richtungswechsel vollziehen, sich kurzzeitig lösen und wieder zusammenfinden, sich nach links und rechts, nach oben und unten bewegen, kurz gesagt, einen Tanz miteinander aufführen, der immer wieder neu ist und doch wiederholende Züge hat.

Wer bestimmt diesen Tanz, wer gibt die Richtung vor, wer führt da eigentlich? Die spontane Antwort könnte lauten: «Der vorne natürlich!», stellt dieser doch eindeutig die Spitze der Bewegung dar. «Wer sonst?» würde ein anderer hinzufügen, in der Überzeugung, dass es einen geben muss, der führt. Ist das wirklich so?
Wenn sie länger zuschauen, werden Sie feststellen, dass es unmöglich sein kann, dass dieser kleine Vogel oder Fisch an der Spitze des Schwarmes der Führende von den Hunderten und Tausenden anderen sein kann. Alle drehen nämlich oft im gleichen Moment, genau gleich weit und trotz des hohen Tempos stoßen sie

nicht zusammen. Wäre das möglich, wenn sie sich an dem vorne orientieren würden? Die Bewegung bräuchte viel länger, bis sie zum letzten durchgedrungen ist, Kollisionen wären nicht zu vermeiden. Außerdem wechselt der vorne auch immer wieder.

Aber da muss doch einer führen, sonst kann das doch nicht funktionieren? Ja und Nein. Ich möchte das an dieser Stelle nicht vertiefen. Worum es mir geht, ist, mit diesem Beispiel auch nur ein annäherndes Bild für das zu liefern, was beim Tango Argentino im Idealfall zwischen nur zwei Partnern passiert. Ein unsichtbares Band, das zu einer gemeinsamen Bewegung führt, die jenseits der klassischen Vorstellung von Führung liegt und genau deshalb für viele auch den besonderen magischen Reiz dieses Tanzes ausmacht.

Werfen wir zuvor noch einen kurzen Blick auf den «normalen» Standardtanz. Auch hier führt der Mann, zumindest offiziell. Zuvor lernen die Beteiligten, die dem jeweiligen Tanz zugehörigen Schritte. «1, 2, 3, 4 und linkes Bein und rechtes Bein», oder so ähnlich hört sich das an, während nach unten gerichtete Köpfe auf steif aussehenden Körpern versuchen, der Komplexität Herr zu werden. Ich möchte hier nicht näher darauf eingehen, welche inneren Beziehungsmuster vor allem bei langjährigen Paaren hierbei sehr schnell äußerlich zum Vorschein kommen, jedoch den Blick kurz darauf lenken, was eigentlich fehlt. Die richtige Technik, deren Erlernen und Einüben überlagert völlig, ...

- ... dass die Musik der Ursprung dieser spezifischen Bewegung ist. Allein entsprechende Musik laufen zu lassen mit der Aufforderung, körperlichen Impulsen nachzugeben, führt in Richtung des richtigen Grundschrittes, aus sich heraus, aus der Musik heraus. Das geht natürlich am besten zunächst alleine.
- ... dass der Tanz sich aus der körperlichen Bewegung zu dieser Musik entwickelt hat und seinen Ursprung im normalen Gehen hat. Da das jeder kann, wäre es sinnvoll, dort auch anzusetzen, um dieses unnatürliche, jeglichen Vertrauens entbehrende Gestakse nicht entstehen zu lassen.
- ... dass es einen eigenen inneren Rhythmus gibt, den es mit der Musik zu verbinden gilt. Dann ist es auch unmöglich, aus dem Rhythmus zu kommen.

So entwickelt sich der Tanz von Beginn an für jeden Einzelnen nochmals neu, aus sich heraus und in jedem Moment im Kontakt mit sich, der Musik und dem Rhythmus. Im anderen üblichen Fall ist es wie mit dem Lernen von einzelnen Vokabeln, dem Zusammensetzen derselben durch Grammatik, um schließlich irgendwann später fließend zu sprechen. Die Vögel wären schon längst abgestürzt.

Der Tango Argentino bietet nun die einmalige, wenn nicht beste Gelegenheit, das Wesen von führen und geführt werden wirklich kennenzulernen. Vorausgesetzt, man fokussiert nicht wieder gleich auf das Gewohnte und daher scheinbar Naheliegende, nämlich bestimmte Schritte und Schrittfolgen. Es gibt sie nämlich nicht, obwohl sie sichtbar sind und daher natürlich angenommen wird, dass es sie doch gibt. Ein Paradox, das einen zusätzlichen Reiz des Tango Argentino ausmacht.

Beschäftigen wir uns mit Führung. Wer oder was braucht Führung? Zwei Menschen wollen sich gemeinsam in eine Richtung bewegen, die nur der eine kennt. Der, der sie kennt, führt den anderen. Der, der sich führen lässt, vertraut, dass der Führende die Richtung kennt. Beide gehen und im Laufe der Zeit reicht das kleinste Körpersignal, um eine Richtungsänderung anzuzeigen.

So funktioniert der Tango Argentino und da es quasi einen definierten parallelen Abstand der Oberkörper gibt, bedingt die kleinste Änderung des Oberkörpers des Führenden eine entsprechende Änderung beim Geführten und die Füße kommen wie selbstverständlich mit, sie gehen einfach und machen Schritte, sonst würde man ja umfallen. Das ist das ganze Geheimnis des Tango Argentino, miteinander gehen und einer sagt, wo es langgeht! Und genau das ist das eigentlich Schwierige daran, nicht die Schritte und Figuren, die kommen von alleine. Eindeutig wissen, wo man hin will und ebenso eindeutig und mit erhobenem Haupte eine andere Person dorthin zu führen, ist für viele Männer eine große Herausforderung, auch oder gerade wenn sie im Beruf Führungskräfte sind. Es bedingt nämlich:

- Ich weiß, wo ich hin will.
- Ich entscheide entschlossen, auch wenn ich mir nicht ganz sicher bin.
- Ich stehe zu meiner Entscheidung.
- Ich führe und dazu stehe ich.
- Ich bin vollkommen präsent.
- Ich stehe in engem Kontakt zum Geführten.
- Ich gebe eindeutige Signale.
- Ich sehe stolz über mögliche Fehlentscheidungen hinweg.
- Ich biete einen Rahmen, indem jenseits von führen und geführt werden ein gemeinsames «es fließt» geschieht.

Versetzen Sie sich einmal ganz in diese Voraussetzungen von Führung hinein. Und wenn Sie beginnen, zunächst einfach nur alleine durch einen Raum zu laufen und diese «Führungsqualitäten» zu entwickeln, werden Sie bald feststellen, dass das gar nicht so einfach ist. Einfach nur eindeutig, präsent, aufrecht und sich selbst bewusst durch einen Raum zu laufen und an der einen oder anderen Stelle einen Richtungswechsel vorzunehmen, ist überhaupt nicht einfach. Und wenn Sie dann noch eine Partnerin im Arm haben, wird zumindest in Ihnen ganz schnell offensichtlich, dass dort, wo die oben genannten Führungsqualitäten sein sollten, eine große Leere vorhanden ist, die sich aber schnell füllt, nämlich mit Unsicherheit. Und was passiert, wenn der, der führen soll, unsicher ist? Der Geführte spürt es sofort, wird selbst unsicher, verspannt oder übernimmt selbst die Führung und das, was den Tango Argentino ausmacht, rückt in unendliche Ferne. Statt sich aber genau an dieser Stelle bewusst zu machen, welches innere Spiel da in einem vorgeht, wie es mit der eigenen Eindeutigkeit bestellt ist, wie sich da das Leben in ein paar Schritten spiegelt, wird hier natürlich gerne ausgewichen, indem man sich dem Erlernen von Schritten widmet. Das gibt Sicherheit und einen Rahmen, an dem sich beide orientieren können. Geht man jedoch den Weg des gemeinsamen Gehens, können beide Partner schon in den äußerlich unspektakulärsten Formen erleben, wie wenig es braucht um in einen Fluss ähnlich dem Vogel- oder Fischschwarm zu kommen. Ja, genau das Wenige ist es, was es ermöglicht, dass man sich und den anderen spürt, Feinheiten wahrnimmt, miteinander in eine gemeinsame Schwingung kommt und vor allem sich selbst ganz ehrlich gegenüber steht und warten kann, bis eine große innere Sicherheit entstanden ist.

Äußeres Spiel: Sie standen schon einige Zeit auf der Tanzfläche. Nichts geschah außer ein leichtes Hin- und Herwiegen, dann wieder Stille. Schließlich die ersten Schritte, sie gehen durch den Raum, bleiben stehen, alles deutlich langsamer als die anderen Tanzpaare. Sie wirkt befremdet, er scheint völlig unbeeindruckt, als gäbe es nichts um sie herum. Der Tanz wird fließender, erste Schritte in der Runde, ein einfaches aber harmonisches Bild. Ein stilles Lächeln.

Inneres Spiel – der Mann: Wer ist diese Frau? Was erwartet sie? Wie reagiert sie auf Impulse? Ist sie gewohnt, das schnell viel passiert? Gibt sie sofort jedem Impuls nach? Macht sie gar eine eigene Bewegung aus dem Impuls? Ist sie innerlich ruhig und wartet gelassen ab, was kommt? Ist sie eher unsicher und versucht, alles richtig zu machen? Kann sie sich so führen lassen, dass sie im Nichts entspannen kann? Will sie den übereinstimmenden Bewegungsfluss oder die äußerliche Show?

Inneres Spiel – die Frau: Kann der überhaupt tanzen? Wieso passiert nichts? Ich übernehme jetzt die Führung? Geht nicht, auch nicht schlecht. Lasse ich mich mal drauf ein. Der scheint zu wissen, was er will. Wenig,aber eindeutig. Langsam, aber intensiv. Ich kann nichts falsch machen. Das beruhigt. Und jetzt geht es doch noch los!

Die verschiedenen Beispiele haben sicher deutlich gemacht, dass Lernen weit mehr ist als das sich Aneignen irgendwelcher Disziplinen. Ja, es wäre sogar regelrecht schade, «nur» Ski fahren, Klavier spielen oder andere Dinge zu lernen, ohne dabei nicht auch viel über sich selbst zu erfahren. Wir gehen in unseren Seminaren und Coachings sogar noch einen Schritt weiter und sagen: «Was immer du über dich lernen möchtest, welche Fragen du beantworten, welche Probleme du lösen möchtest, verknüpfe es mit einer körperlichen Bewegung.» Diese bietet als Spiegel nicht nur viele Erkenntnisse für dein Anliegen, du wirst die Disziplin sozusagen nebenbei auch noch lernen. Und als Zusatznutzen obendrauf auch noch erleben, wie leicht und spielerisch lernen sein kann. Daher macht es wirklich Sinn, sich mit etwas Wichtigem, nämlich sich selbst zu beschäftigen, und nebenbei noch etwas zu lernen, was sonst für sich alleine schon als schwierig gilt.

«Jeder fährt Ski, spielt Tennis, wirft den Bumerang, wie er lebt», ist dabei eine wichtige Grundhaltung. Das bedeutet nicht, dass jemand, der gut Ski fährt, gut lebt und ein Anfänger entsprechend schlecht. Es geht vielmehr darum, wie ich mit Herausforderungen umgehe, wie ich mich an Grenzen herantaste, wo ich festhalte oder loslasse und vieles mehr. Die Ergebnisse sind dabei nicht nur oft überraschend, sondern auch unbestechlich.

Unabhängig davon, was Sie lernen möchten, sei es etwas Körperliches oder etwas Geistiges, werden Sie die folgenden Fragen unterstützen, auf spielerisch spannende Weise Ihren ganz eigenen Weg zu finden, sollte gerade kein inner game Coach in der Nähe sein:

- Was ist der Ursprung, das Wesentliche, das Wesen der Disziplin?
- Was ist das besonders Leichte daran? Was zeichnet den Könner aus?
- Was ist mein inneres Spiel in Bezug auf diese Disziplin? Was könnte ich dabei über mich lernen?

- Bin ich eher außer mir oder eher in mir? «Außer mir» erkenne ich daran, dass ich irgendetwas oder irgendjemand nacheifere, etwas nachzumachen versuche, etwas richtig machen möchte.
- Fühle ich mich mit dem Thema, der Bewegung rund und im Einklang oder gibt es Befürchtungen, Ängste, Zweifel?
  Wenn ja, wie kann ich diese ausdrücken?
- Wo spanne ich in meinem Körper an, ohne dass das für die Ausübung der Disziplin nötig wäre?
- Wie sag ich's meinem Lehrer, dass er mich in Ruhe lernen und forschen lässt? Was ist meine eine wichtige Frage an ihn?

«Leute hören nicht auf zu spielen, weil sie alt werden, sie werden alt, weil sie aufhören zu spielen!»
Oliver Wendell Holmes

Im folgenden Kapitel finden Sie mit Jonglieren ein Bewegungsmedium, das nicht nur besonders aussagekräftig ist. Es ist auch eine überall durchführbare und sehr kostengünstige «Risikosportart», mit der Möglichkeit ständig neuer Erfahrungen an den Grenzen seiner Möglichkeiten.

4 WER JONGLIEREN MUSS, SOLLTE JONGLIEREN KÖNNEN

Von vielen Menschen hört man häufig, dass sie mit vielen Dingen gleichzeitig umgehen müssen, im Alltag, im Beruf, und dabei abwägen müssen, was wichtig ist, Informationen aufnehmen, telefonieren, Entscheidungen treffen und vieles mehr. Sie sagen, dass sie mit den Dingen jonglieren müssen. Fragt man nach, ob sie denn überhaupt jonglieren können, kommt meist ein ungläubiges Kopfschütteln. In der Tat, die meisten können gar nicht jonglieren, obwohl sie es täglich müssen. Und das sieht dann so aus:

In diesem, jedem von uns bekannten Zustand, stürzt alles gleichzeitig auf uns ein. Vor lauter Bäumen sieht man den Wald nicht mehr und kann nicht mehr entscheiden, was wichtig ist und was nicht. Erledigt wird, was am meisten drückt, ob es wichtig ist oder nicht, ob es etwas ändert oder nicht. Da es nur noch ein Reagieren auf äußere Umstände gibt, fühlt man sich gehetzt und überfordert. Vieles fällt dabei unter den Tisch und vor lauter Erschöpfung irgendwann auch wir selbst.
Das hat durchaus etwas mit jonglieren zu tun, nur ist der Mensch in diesem Fall nicht Jongleur, sondern mit ihm wird jongliert. Er ist Spielball der Kräfte und nicht

umgekehrt. Jonglieren heißt aber, die Dinge selbst in der Hand zu haben und zu entscheiden, wann man loslässt und wann man festhält. Das gilt für jede Form des Jonglierens, nicht nur für das Jonglieren mit Bällen. Jonglieren können heißt, flexibel auf Veränderungen reagieren und gleichzeitig ein permanent in Bewegung befindliches System stabil halten zu können. Jonglieren, ob mit Bällen, Informationen, Herausforderungen oder Mitarbeitern, alles verlangt ein hohes Maß an Konzentration, Ruhe und Überblick.
Ich möchte die These in den Raum stellen, dass die Fähigkeit, mit Bällen zu jonglieren, sich positiv auf die Fähigkeit des alltäglichen Jonglierens auswirken kann, vor allem, wenn man den Prozess des jonglieren Lernens bewusst erlebt und dabei einiges über sich im Umgang mit festhalten und loslassen erfährt. Für den, der es kann, sieht es dann so aus:

Der Unterschied ist offensichtlich: Nicht nur, dass dieser Mensch in seiner Mitte ruht, Platz um sich herum hat und einen gelassenen Eindruck macht. Mit sichtlich geringerem Kraftaufwand hält er die Dinge in Bewegung, hat alles im Blick und kann entscheiden, was gerade wichtig ist und was nicht. Ein fester Standpunkt und ein klares Ziel vermitteln den Eindruck von Sicherheit.

Das Wesen des Jonglierens ist also das ungefährliche Spiel mit der persönlichen Grenze des Möglichen, und immer wieder von neuem die Kunst des Loslassens, gefolgt von Momenten des Glücks, des Einsseins, der Absichtslosigkeit, des Flows. Und genau darum geht es in diesem Kapitel, denn dieser Zustand hat viel mit loslassen von Gewohnheiten, von Denken, von Kontrolle, von erreichen wollen, von arbeiten zu tun. Und dieses Loslassen wird «greif-bar» und begreifbar, wenn man mit zwei Händen drei Gegenstände in der Luft halten möchte.

Jonglieren ist deshalb so geeignet, weil die Leistungsgrenzen einerseits so harmlos sind – es fällt lediglich ein Ball herunter – und zum anderen sehr leicht neue Grenzen zu finden sind: Man nimmt einfach einen weiteren Ball dazu. Und somit hat man grenzenlos Herausforderungen zur Verfügung und kann ein Leben lang nach dem Motto: «Ich jongliere so, wie ich lebe», forschen und experimentieren. Dabei kann man einige eindrückliche Erfahrungen machen.

DER DRITTE BALL UND DIE KUNST DES LOSLASSENS

Jonglieren passt in unsere Zeit. Es kann für den Wunsch stehen, gleichzeitig etwas loszulassen, um es doch sofort wieder in den Griff zu kriegen. Es bedeutet, Vergnügen zu haben am permanenten Wechsel, sich dem rastlosen Hin und Her hinzugeben und es doch kontrollieren zu lernen. Auch im übertragenen Sinn ist jonglieren etwas Vielfältiges – ob es jemand mit Worten tut, mit Zahlen oder mit Bällen.
Wenn Sie jemanden betrachten, der jongliert, sieht das aus, als ob alles fließend ineinander übergeht. Es gibt kein Ende und keinen Anfang, keine Ecken und keine Kanten, kein Innehalten und kein Stocken. Das Ganze fließt, die Bälle sind im Fluss und der Jongleur mit ihnen. Es gibt einen Ursprung, eine Quelle, von der aus alles in eine Richtung fließt. Auftretende Widerstände werden weder bekämpft noch besonders wichtig genommen.
Diese dynamische Selbstverständlichkeit und Unbeirrbarkeit zeichnet das eigentliche Jonglieren aus und ist das, wonach wir Menschen uns immer wieder sehnen, was wir erreichen und wieder verlieren. In diesem ewigen Auf und Ab sind wir jetzt schon im Fluss.

Um diese Wirkungen zu offenbaren, braucht es Ihre Aufmerksamkeit, Ihre Bewegung, Ihre Geschicklichkeit. Es braucht aber vor allem Ihre Lust an der Herausforderung genauso wie Ihren Mut zum Scheitern und neu anfangen.

JONGLIEREN BEGINNT IM KOPF

Der erste Schritt besteht darin, die Bewegung in sich zu finden, statt sie im Außen zu suchen, sie dort in Einzelteile zu zerlegen und dann mühsam und oft vergeblich wieder zusammenzufügen. Was ist meine «Bewegung», wie soll sie aussehen, wie sich anfühlen? Was bewegt mich und wodurch möchte ich mich bewegen lassen? Die Antwort auf solche Fragen führt dazu, dass ich mit den Dingen aus meiner Mitte heraus jongliere. Alles andere bedeutet, dass Sie Spielball anderer Kräfte sind, mit Ihnen wird jongliert.
Dann lassen Sie uns doch gleich beginnen mit dem Jonglieren! Nein, denn der Weg dahin ist bereits ein Teil davon und dafür wesentlich, dass man sich in der Kunst des Loslassens üben kann. «Der Weg hat ein Ziel!» Aber nicht das Jonglieren zu können, sondern sich in voller Bewusstheit dem Moment anzunähern, wenn der dritte Ball zum ersten Mal fliegt. Und das bedarf einiger Vorbereitung.

Üblich ist, das Ziel in den Mittelpunkt der Aufmerksamkeit zu stellen, alles daran auszurichten und dabei den Weg bzw. das Wohlgefühl auf dem Weg zu vergessen, obwohl dieser im Verhältnis zum Ziel die meiste Zeit beansprucht. Gerade beim Jonglieren lernen gilt daher ganz besonders: Der Weg ist das Ziel!

Wenn Sie sich vorstellen, jetzt gleich Jonglieren zu lernen, was geht Ihnen dabei durch den Kopf, welche Gedanken tauchen auf? Denken Sie gerade:

- Au ja, das wollte ich schon immer!
- Da freue ich mich drauf!
- Ich bin gespannt, wie es wird!
- Ich will endlich anfangen!

Oder denken Sie:

- Oh, oh, ob ich das je lernen werde?
- Andere schaffen das, aber ich ...?
- Ich hatte es schon einmal probiert, aber es hatte nicht geklappt!
- Das schaffe ich nie!
- Ich habe es nicht so mit Bällen (zwei linke Hände).
- Wofür soll das denn gut sein?
- Ist doch nur Spielkram und Zirkuszeugs.
- Brauch ich nicht und will ich nicht.
- Ich probiere es mal, aber ...

Und? Kennen Sie solche Selbstzweifel? Trösten Sie sich: Sie sind in bester Gesellschaft. Den allermeisten geht es so. Nun aber überlegen Sie kurz, forschen Sie etwas nach: «Wo habe ich das eigentlich gelernt – dass Lernen anstrengend sein muss? Wer oder was brachte mir das bei? Und wie lange trage ich diese Meinungen schon mit mir herum?»
Sie wissen doch: Der Glaube versetzt Berge, lässt sie aber genauso stehen!

Verbinden Sie sich stattdessen mit dem Bild des jonglieren Könnens. Und wenn Sie noch zweifeln, machen Sie den Test. Werfen Sie einen Gegenstand in einem Bogen von einer Hand in die andere und wieder zurück. Wenn das gelingt, haben Sie – besser gesagt, Ihr Körper – das Potential zum Jonglieren, übrigens völlig unabhängig davon, ob Sie daran zweifeln oder nicht!

Der dazu passende inner game Satz lautet:

Ich kann es!

JEDER JONGLIERT, WIE ER LEBT

Zum Beispiel so:

oder so:

Was geht Ihnen durch den Kopf, wenn Sie den Satz lesen: «Jeder jongliert, wie er lebt»? Sagen Sie: «Oh je!» oder «Das ist aber spannend!» oder «Das ist doch Unsinn.»? Das Schöne ist, dass dieser Satz tatsächlich zutrifft! Sie jonglieren so, wie Sie leben, aber Sie fahren auch so Auto, wie Sie leben, Sie essen so, wie Sie leben. Kurz, Ihre Lebensweise drückt sich in all Ihren Handlungen aus und wird

durch diese sichtbar: wie Sie lernen, wie Sie mit Erfolg und Misserfolg umgehen, was Sie dabei denken. Und Ihr Körper, Ihre Hände usw. machen die entsprechenden Bewegungen, lassen los oder auch nicht.
Aber es geht dabei nicht darum, Orakel zu spielen oder irgendetwas in das Leben hinein zu interpretieren. Keiner lebt falsch, wenn der Jonglierball herunterfällt! Es geht einfach darum, dass wir unseren Körper als Spiegel nutzen können, um etwas über uns zu erfahren, was ohnehin vorhanden ist.

Mehr darüber können Sie in der Persönlichkeitsanalyse «Jeder jongliert, wie er lebt» im Erlebnisteil am Ende dieses Buches erfahren. Dort finden Sie typische Verhaltensweisen beim Erlernen des Jonglierens und dazu passende Lösungsvorschläge.

DIE ENTDECKUNG DER LEICHTIGKEIT

Wenn ich frage: «Ist Jonglieren leicht oder schwer?» und dabei jongliere, sagen die meisten «schwer», manche «leicht», wieder andere: «Es sieht leicht aus.» Wenn ich jemandem, der schwer gesagt hat, die Bälle in die Hand drücke mit der Aufforderung, doch bitte mal «schwer» zu jonglieren, wirft dieser nach kurzer Irritation die Bälle in die Luft, mit dem Ergebnis, dass die Bälle danach in der Regel auf dem Boden liegen. Wenn ich daraufhin anmerke: «Sehen Sie, schwer geht es nicht!», wird das meistens von befreiendem Lachen quittiert. Dabei steckt in diesem Lustigen etwas äußerst Ernstes, nämlich die Frage, mit welcher Grundeinstellung wir an eine Herausforderung herangehen.
Tatsache ist, dass es leicht geht, wenn wir etwas gut können, sei es das elegante Wedeln beim Skifahren, der gelungene Golfschlag oder das Beherrschen eines PC. Wesentlich ist, sich an diesem Leichten zu orientieren, es zum inneren Vorbild zu machen und sich absolut bewusst zu sein, dass es dieses Leichte geben muss und man es daher auch finden kann. Den Blick dorthin zu lenken, während man seine ersten «Gehversuche» in einer neuen Disziplin macht, ist etwas ganz anderes, als

sich mit all den «schweren» Gründen zu befassen, warum es schwer gehen kann. Das eine zieht nach unten, das andere nach oben.

Das heißt nicht, dass der Weg dahin immer nur leicht ist. Es heißt aber, dass in dem Augenblick, in dem es klappt, es auch tatsächlich leicht ist und nicht nur leicht aussieht.
Eine der zentralen Fragen lautet daher: «Wie erlange ich diese Leichtigkeit?» Was ist es, was es mir leicht machen könnte? Mit diesen Fragestellungen und damit der Ausrichtung am Leichten erreicht man sein Ziel viel schneller, als wenn man dem Schweren folgt und sich über mühsame Umwege Schritt für Schritt den «Berg» hinaufquält. Außerdem macht es mehr Spaß und ist getragen von der Gewissheit, es zu schaffen. Wenn Sie von Anfang an – unbeeindruckt von scheinbaren Misserfolgen – nach dieser Leichtigkeit suchen, werden Sie sie schließlich finden und zwar früher, als Sie denken. Der dazu passende inner game Satz lautet:

«Es geht nur leicht!»
Inner game Weisheit

BÄLLE MÜSSEN HERUNTERFALLEN

«Ach du Schreck», denken die meisten, wenn man ihnen drei Bälle in die Hand drückt und sie zu jonglieren auffordert. Auch wenn sie nichts sagen, drückt sich doch in diesem Moment alles aus, was sie jemals über das «Fehler machen» gelernt haben. Denn: Sie wissen genau, dass sie gleich einen «Fehler» machen werden. Die Bälle werden nämlich herunterfallen. Doch Fehler wollen sie nicht machen, denn «Fehler sind ja schlecht». Wenn sie könnten, würden sie dem «Fehler» viel lieber ausweichen, und mit sichtlicher Erleichterung entschuldigen sie sich dann: «Das ist nichts für mich!» oder «Ich habe es nicht so mit Bällen.» Doch wenn man es gar nicht erst versucht, verschenkt man auch die Chance, etwas Neues zu lernen – und etwas Altes, nämlich den Glauben an das «Ich kann nicht», zu verlernen. Bälle, die herunter fallen, gehören zum Jonglieren, genauso selbstverständlich, wie Hürden und Schwierigkeiten Teil unseres Lebens sind. Freunden Sie sich daher mit diesem angenehmen Geräusch an, das Bälle machen, wenn sie auf den Boden fallen. Freuen Sie sich über den Ball, der sich plötzlich in Ihrer Hand wiederfindet und seien Sie versichert, dass keine Ihrer Hände die Bälle fallen lässt, um Sie zu ärgern.

«Wer sich's schwer macht, hat's schwer!»
Inner Game Weisheit

AHA STATT MIST

Was passiert, wenn Sie anstelle des gewohnten «Mist» das Wörtchen AHA verwenden, wenn die Bälle herunterfallen? Äußerlich ändert sich nichts, denn das sichtbare Ergebnis ist gleich, der Ball liegt unten. Innerlich werden Sie jedoch einen großen Unterschied spüren, ob Sie Mist oder AHA sagen. Ersteres ist negativ, verurteilend, bewertend, zweiteres stellt einfach nur fest, was ist. Sie verurteilen sich damit nicht selbst, sondern stellen zunächst einfach nur fest, was war.
Wenn Sie überlegen, welches Wort Ihnen bei einem neuerlichen Herangehen nützlicher ist, treffen Sie die Wahl.
Eine Lehrerin nahm dieses Wort aus einem Workshop mit und führte es gleich am nächsten Tag in ihrer Klasse ein. Sie ließ ihre Schüler eine ganze Reihe von Worten durch AHA ersetzen und erzählte von erstaunlichen Wirkungen schon nach einer Woche. Mit Begeisterung ersetzten die Schüler außer den oben genannten Wörtern Sätze wie: «Das kann ich nicht», «Das ist schwer», «Ich habe keine Lust» und andere durch das kleine Wort AHA .

«AHA – magisch das Wort, von vorne und von hinten!»
Inner Game Weisheit

ERFOLG LÄSST SICH NICHT VERMEIDEN

Wenn Ihnen beim Jonglieren ein Ball herunterfällt, ist das die Folge davon, dass Ihre Hand nicht dort ist, wo der Ball herunterkommt. Das ist der Erfolg, denn Erfolg ist nichts anderes als die Folge von etwas Vorhergegangenem. Das können sowohl Handlungen als auch Gedanken sein. Alles hat Folgen. Wenn Sie sich auf den Weg machen, etwas zu erreichen, führt das, was Sie dafür tun, und vor allem auch das, was Sie dabei denken – Ihr inneres Spiel – zu einer Folge. Sie haben Erfolg!

Erfolg ist daher zunächst einmal völlig wertfrei, Erfolg geschieht einfach. Wenn Sie 30 Jahre lang rauchen, ist der Erfolg im Idealfall Husten. Wenn Sie keine Fehler machen wollen und daher nichts tun, ist der Erfolg eben nichts. Wenn Sie anderen die Zuständigkeit für Ihr Leben übertragen, ist der Erfolg, dass andere für Ihr Leben zuständig sind. Wenn Sie glauben, nichts zu können, ist der Erfolg, dass Sie nichts können. Sie haben demnach immer Erfolg!
Was Erfolg aber zu etwas Anstrengendem macht, ist die weit verbreitete Auffassung, dass Erfolg immer positiv sein muss. Denn daraus entsteht zwangsläufig die Angst vor dem Misserfolg. Das führt zu Verspannungen und Ängsten. Diese wiederum führen zu Vermeidungen, zu Umwegen und schließlich genau in die entgegengesetzte Richtung davon, wo man eigentlich hin will. Aber Erfolg bleibt es dennoch, lediglich «bereichert» um ein «Miss».
Betrachten Sie das wieder am Beispiel des Jonglierens: Ihre Hand ist nicht da, wo der Ball ist. Der Erfolg ist, dass der Ball unten liegt. Wenn Sie hören könnten, was viele Menschen in dieser Situation denken, würde sich das wie folgt anhören: «So ein Mist, wieso fällt der denn runter, oh je, ich kann das nicht, ich wusste es, mit Bällen fangen habe ich es nicht so, vorhin mit einem Ball ging es doch noch, die sind einfach zu schnell, ich werfe falsch, wer kann mir helfen, diese blöden Bälle, was soll der Quatsch, wer hat mich in diese Situation gebracht, ich wollte doch noch nie jonglieren, so ein Mist, ich lerne das nie, das wird ja immer schlimmer, mir tut der Arm schon weh und das ständige Bücken, oh je, die anderen können es schon und ich mal wieder...»

Wenn Sie nicht nur diese innere Stimme hören, sondern sich auch noch in den Körper der betreffenden Person hineinversetzen, werden sie eine zunehmende Anspannung bis hin zur totalen Verkrampfung feststellen. Und der Erfolg bleibt nicht aus: Die Wahrscheinlichkeit, dass der Ball gefangen wird, nimmt zunehmend ab.

Und das alles nur, weil die Hand nicht an der Stelle ist, wo der Ball herunterkommt. Stellen Sie sich das einmal vor, was diese Hand da anrichtet. Aber sie macht es nicht absichtlich. Sie gibt ihr Bestes! Und wenn ich das genauso akzeptiere, wie die schlichte Tatsache erkenne, dass meine Hand eine kleine Seitwärtsbewegung mit großen Folgen machen kann, bin ich auf dem richtigen Weg. Und wenn Sie tatsächlich glauben, dass Ihr Körper so dumm ist, sich lieber ständig zu bücken, statt irgendwann diese kleine Handbewegung zu machen, dann täuschen Sie sich. Vertrauen Sie sich, der Natur und vor allem Ihrem Körper und Sie werden erleben, dass sich Erfolg nicht vermeiden lässt.

«Wenn das Einfache nicht so leicht wäre, wäre es nicht so schwer zu erreichen!»
Inner game Weisheit

ZEN UND DIE KUNST DES JONGLIERENS

Jonglieren bietet eine spannende Möglichkeit, sich mit seinem Leben und dem Spiel und schließlich der Kombination, dem «Spiel des Lebens» zu befassen. Flexibilität, ständige Bewegung und abwechselndes Festhalten und Loslassen sind typische Merkmale. Das haben die Menschen schon früh erkannt.
Auf den Wandgemälden der Beni Hassan-Gräber am Ostufer des Nils, die aus dem Jahr 4600 v. Chr. stammen, sind wohl die frühesten zeichnerischen Abbildungen von Jongleuren zu entdecken. Seitdem wird mit nahezu allem jongliert, was sich in die Luft werfen und wieder auffangen lässt. Also eine jahrtausendealte Erfahrung, die jeden von uns, aktiv oder als Zuschauer, schon mal in den Bann gezogen hat.

Jonglieren weist darüber hinaus noch einige Besonderheiten auf. Auffällig ist, wie schnell sich beim Jonglieren ein aktiv entspannter Zustand einstellt. Schon nach wenigen Minuten ist man konzentriert und wach. Außerdem tritt bei kaum einer anderen körperlichen Betätigung so deutlich zu Tage, auf welche Weise gelernt, wie wahrgenommen und reagiert, wie kontrolliert, gesteuert und koordiniert wird. Für viele Menschen, besonders für solche, die mit der Vorstellung, sie hätten zwei linke Hände, belastet sind, ist das Jonglieren ein Schlüsselerlebnis. Für jeden Anfänger ist es eine erstaunliche Erfahrung, die ständig weiter wirkt, denn jonglieren verlernt man genauso wenig wie Fahrrad fahren.

Je mehr wir über das Zusammenwirken zwischen Körper und Geist lernen, desto mehr verstehen wir, warum jonglieren solch eine positive Wirkung entfaltet. Deutsche Gehirnforscher haben aufgezeigt, dass jonglieren die Strukturen unseres Denkorgans verändert. Wer beispielsweise im Erwachsenenalter mit jonglieren beginnt, der lässt sein Gehirn dadurch gezielt wachsen. Das haben Neurologen aus Jena und Regensburg als Erste entdeckt und 2004 in der Fachzeitschrift «Nature» veröffentlicht.

Viele praktische Erfahrungen bestätigen das. So verschwand bei einem zehnjährigen Mädchen dessen Rechenschwäche völlig, nachdem sie, statt Rechnen zu üben, sechs Monate lang täglich ca. 15 Minuten jongliert hatte. Zu dieser für manche vielleicht ungewöhnlichen Disziplin führten ein einwöchiger Zirkusworkshop mit den Eltern und die Faszination, die danach vom Jonglieren ausging.
Neulich erhielt ich einen Brief mit folgendem Inhalt: «Ich bin Thomas und kann dir einiges erzählen über jonglieren mit einer Rechts-Links-Wahrnehmungsstörung. Ich bin leicht lernbehindert und habe mit viel Übung mit Messern jonglieren gelernt, trete allein und mit meiner Gruppe auf und übe zurzeit begeistert mit vier Bällen.»
In einer Abschlussarbeit mit dem Thema «Jonglage und Improvisationstheater als spiel- und theaterpädagogische Möglichkeiten zur Erweiterung der Kommunikationskompetenz» wird beschrieben, wie jonglieren hilft, Blockaden zu lösen und Assoziation und Kreativität zu fördern. «Aufgrund der schnellen Lernerfolge kann Jonglage das Selbstwertgefühl fördern und damit zur Entwicklung eines positiven Selbstbildes beitragen.»

Zusammenfassend lässt sich sagen:

- Jonglieren «öffnet» alle Gehirnbahnen, um die Gedanken fließen zu lassen, loszulassen und Neues zu lernen.
- Jonglieren ist eine einfache und sehr wirksame Form der Kurzzeitregeneration.
- Jonglieren harmonisiert die linke und rechte Gehirnhälfte.
- Jonglieren vertieft die Atmung.
- Jonglieren entspannt.
- Jonglieren erhöht die Konzentration.
- Jonglieren fördert die Fähigkeit loszulassen.
- Jonglieren steigert die Lebensqualität.

Zum letzten Mal, wie er glaubte, schaltete er seinen Computer ab, schaute sich noch einmal in seiner Wohnung um, nahm sein Gepäck mit dem Notwendigsten und zog die Tür hinter sich zu. Ein kurzer Blick auf den Schlüsselbund mit Auto-, Fahrrad- und Wohnungsschlüssel und dem Sparschweinschlüssel, den er immer aufgehoben hatte, obwohl er schon längst kein Sparschwein mehr hatte. Ein Moment des Zögerns, und dann legte er die Schlüssel entschieden unter die Fußmatte. Irgendjemand würde sie finden, er hatte nichts mehr damit zu tun, den er hatte alles losgelassen und war im Begriff, sich auf die Wanderschaft zu machen, um sein Glück jenseits von Besitz zu finden, nur mit sich und mit wenigen Dingen versorgt.

Obwohl er es lange geplant hatte, fiel es ihm doch schwerer als erwartet, all seine Besitztümer zurückzulassen und sich für immer von ihnen zu verabschieden. Aber das war, nach seiner Überzeugung, eine der Voraussetzungen, wenn man sich auf den Weg des Loslassens machen wollte, um das wahre Glück zu finden. Er hatte viel über das Loslassen gelesen und wollte es von Anfang an richtig machen. Stolz auf sich und frei von Ballast machte er sich beschwingt auf den Weg zum Flughafen, um in ein fernes Land zu fliegen, das, wie man erzählte, das Loslassen besonders erleichtert.

Dort angekommen, hörte er von einem weisen Mann, der von allen als der Meister in der Kunst des Loslassens bezeichnet wurde. Sie lächelten alle auf eine besondere Weise, wenn man nach ihm fragte. Aber als er fragte, wo er ihn finden könne, zeigten sie bereitwillig auf ein Gebirge, dessen Gipfel in der Ferne schimmerten. Ja, so hatte er es sich vorgestellt, den Meister auf dem Gipfel eines Berges, alleine in einer einfachen Hütte. Und er machte sich auf den langen und beschwerlichen Weg, auf dem er noch so manches loslassen konnte, z.B. die immer wiederkehrenden Zweifel am Sinn seiner Reise, oder die sehnsüchtigen Gedanken an seine gemütliche Wohnung mit einer funktionierenden Dusche, dem weichen Bett und dem vollen Kühlschrank. Hätte er nicht doch noch etwas mehr mitnehmen sollen als einen Schlafsack? Warum hatte er nichts zum Lesen oder Schreiben dabei? In Gedanken versunken wanderte er vor sich hin und bemerkte immer mal wieder, dass Loslassen nicht nur mit Gegenständen zu tun hat, sondern dass sich das meiste im Kopf abspielt. Jedenfalls schien ihm im Vergleich zum Loslassen von ein paar Habseligkeiten, das Loslassen von Gedanken weitaus schwieriger. Aber um das zu lernen, war er ja schließlich auf dem Weg.

Als er am Fuße des Gebirges angekommen war, freute er sich schon darauf, diese neue Herausforderung zu meistern, und stellte sich vor, wie er glücklich und frei von allem Ballast dem Meister auf dem Gipfel des Berges begegnen würde.

Was ihm unterwegs besonders auffiel, waren die Menschen, die ihm gelegentlich entgegenkamen. Ihrem gelösten Strahlen zu entnehmen, kamen sie offenbar vom

Meister des Loslassens. Um ganz sicher zu sein, dass er auf dem richtigen Weg war, fragte er sie danach. Und alle freuten sich und lächelten über seine ernsthafte Frage und immer wieder ertappte er sich dabei, dass er an sich herunterschaute, was denn so lustig an ihm wäre. Schließlich kam er früh morgens auf dem Gipfel des Berges an. Und es war, wie er es sich immer vorgestellt hatte. Eine zauberhafte Kulisse breitete sich vor seinen Augen aus. Die Dämmerung bahnte sich langsam ihren Weg durch Wolken, die wie ein Federbett den Gipfel umhüllten. Da – ein erstes Blitzen, ein Sonnenstrahl leuchtete auf und lenkte seinen Blick auf einen mächtigen Stein, der mitten auf dem Gipfel emporragte. Langsam, aber unaufhörlich dehnte sich das Leuchten aus und mit erhabenen Schritten ging er auf den Stein zu, umrundete ihn erwartungsvoll, aber da war nichts, kein Tempel, kein Haus, nicht einmal eine Hütte und auch kein Meister des Loslassens. Er wollte sich schon völlig der in ihm aufsteigenden Resignation hingeben, als er sah, dass etwas in den Stein geritzt war.

Er las:

«Willkommen, Suchender in der Kunst des Loslassens,
wenn du es bis hierher geschafft hast, wirst du auch deine vorerst letzte Prüfung bestehen. Gehe den Weg wieder zurück ins Tal und folge dem Fluss aufwärts. Dort findest du unser Meditations-Jonglierkloster – Medijong genannt – herrlich gelegen in einer Biegung des Flusses. Wir bieten gemütliche Zimmer, gutes Essen, üppige Natur, verschiedenste Bewegungsangebote, Massagen, Internetcafé und vieles mehr. Wir medi-jonglieren täglich von Sonnenaufgang bis 9 Uhr, danach gibt es Frühstück gefolgt von etwas Arbeit in unserem Garten. Nach einem ausgiebigen Schläfchen medi-jonglieren wir mittags wiederum ca. drei Stunden. Der Abend ist dem freien Spiel mit den anderen Bewohnern unseres Klosters gewidmet. Oder hast du ernsthaft geglaubt, dass man hier oben in dieser Einöde loslassen lernen kann?»

5 SPIELRAUM FÜR WESENTLICHES

«Wenn ich Zeit hätte, mich um das Wesentliche zu kümmern, würde ich es auch tun!»
Viele Seminarteilnehmer

Wann haben Sie sich zum letzten Mal die Frage gestellt, was Ihnen wirklich wichtig ist? Und zwar Ihnen ganz persönlich, unabhängig von Konventionen, von Normen und von Gewohnheiten. Gehen Sie in Gedanken einfach einmal zehn Jahre zurück und erinnern Sie sich an Ihre Wünsche und Träume von damals. Wie viel davon ist bis heute Wirklichkeit geworden? Welche Wünsche von damals würden Sie heute als naiv bezeichnen? Wie sieht es mit Ihrer Lebendigkeit damals und heute aus? Wie frei fühlen Sie sich? Was war Ihnen damals wesentlich? Was davon ist Ihnen heute noch wichtig?

Sich darüber klar zu werden, was wesentlich ist, und sich immer wieder von neuem diese Frage zu stellen, ist aus verschiedenen Gründen von großer Bedeutung:

- Wesentliches ist einfach.
- Wesentlich ist nur, was für Sie wesentlich ist, zunächst unabhängig davon, was es für andere ist.
- Wesentliches macht das Leben und die Arbeit leichter, klarer und treffender.
- Wesentliches gibt Kraft.
- Wesentliches macht mutig.

Sie kennen sicher Momente, in denen Sie genau wussten, was Sie wollten, in denen keinerlei Zweifel und Fragezeichen Ihre Überlegungen beeinträchtigten. Es war für Sie wesentlich, «das» zu tun, und Sie taten es. Dass es dabei äußere Hürden gab, hat Sie nicht daran gehindert.
Viele Menschen möchten aber ihre Sägen nicht schärfen. Sie denken: «Das war doch immer so, ich bin zufrieden mit dem, was ich habe, und mehr zu wollen, wäre doch geradezu anmaßend.»

In vielen Seminaren und Workshops zeigt sich immer wieder verblüfftes Innehalten, wenn festgestellt wird, dass keiner weiß, was eigentlich wesentlich ist. Oft sind nicht einmal mehr die Ursprünge von Maßnahmen herauszufinden. Es wird gehandelt und zwar so viel und so lange, dass kaum noch einer weiß, warum, was aber auch keine Rolle spielt, weil es in all der Geschäftigkeit sowieso keinem anderen auffällt. Dabei wissen nahezu alle, wenn sie sich doch mal einen Moment Zeit nehmen, dass so manches völlig anders laufen müsste.

Ich möchte Sie nun einladen, unbescheiden zu sein und sich auf die Suche danach zu machen, was für Sie wesentlich ist. Unbescheiden heißt auch, dass Sie es direkt und ohne Umwege angehen. Um beispielsweise auf die andere Seite eines Baumes zu kommen, gehen Sie um ihn herum oder Sie fällen ihn, falls sonst kein Durchkommen ist. Übertragen auf das Leben, wählen viele Menschen einen anderen, einen indirekten Weg, den Um-Zu-Weg. Dabei tun sie Dinge, die sie immer weiter vom Ziel wegführen. Sie klettern den Baum hinauf, schlagen sich mit Ästen herum, verlieren im Wipfel den Halt und kommen schließlich nach langer Zeit wieder unten an, um festzustellen, dass das Ziel nicht mehr stimmt oder man gar nicht mehr weiß, welches es eigentlich war. Aber man hat klettern gelernt, also klettert man auf den nächsten Baum. Und wenn jemand einfach um die Bäume herumgeht, wird er komisch angeschaut!

Spielraum für Wesentliches ist nicht zu verwechseln mit grenzenlosem Spielraum. Stellen Sie sich ein Fußballspiel ohne Regeln, ohne Spielfeld vor. Spielraum bedeutet, einen Raum zu haben, der Ihnen genug Denk- und Handlungsspielraum lässt, innerhalb dessen Sie sich wohl fühlen und gut bewegen können, in dem Sie genug Platz für Ihre Wünsche und Vorstellungen haben und wo Sie sich mit Ihrem Potenzial entfalten können.

Elefanten in Indien werden, wenn Sie ganz jung sind, an eine schwere Kette gelegt, die mit einem Pfahl im Boden so befestigt ist, dass dieser bei allem Rütteln und Zerren nicht nachgibt. Mit der Zeit erkennt der junge Elefant, dass er keine Chance hat und die Versuche werden immer schwächer, sodass Kette und Pfahl dünner und kleiner gemacht werden können. Als ausgewachsener Elefant genügen dann eine Schnur und ein Ästchen, er läuft nicht mehr weg. Das Gleiche kennen wir von Raubkatzen, die nach jahrelanger Gefangenschaft im Käfig auch ohne diesen immer nur im Viereck laufen. Oder vom Floh, dem mit Hilfe einer Glasplatte das Hochspringen abgewöhnt wird, was er auch lässt, wenn die Platte nicht mehr über ihn gehalten wird.

Das ist nicht nur bei Tieren so, sondern auch bei uns Menschen. Wir entwickeln Gewohnheiten, die so stabil sind, dass man sie nicht mehr in Frage stellt. Wir können Gewohnheiten nur ändern, wenn wir sie erkennen – Aha, da ist keine Eisenkette – und Konsequenzen daraus ziehen. Dafür ist zunächst wichtig zu wissen, wer man eigentlich ist und welches Potential man hat. Der Elefant ist sich seiner Kraft offenbar nicht mehr bewusst.

Timothy Gallwey umschreibt das mit seiner Formel

Leistung = Potential minus Störung.

Betrachten wir das am Beispiel des Wachstums einer Pflanze: Wenn Sie eine Eichel in die Erde stecken, wird daraus eine stattliche Eiche wachsen. Keine Buche, keine Kirsche und auch keine Tanne. Immer «nur» eine Eiche, denn das ist ihr Potenzial. Selbst wenn 20 Wildschweine um die Eiche herumtanzen und «Buche, Buche, Buche» grunzen, wird eine Eiche daraus wachsen. Und so beginnt die Eichel irgendwann zu treiben und zwar zielstrebig nach oben und das ganz ohne Zweifel daran, was sie werden soll. Das Potenzial ist eindeutig: «Ich bin eine Eiche und werde wachsen!»
Sind die Bedingungen optimal, entfaltet sich das ganze Potenzial und es wird ein großer ausladender Baum daraus. Die Leistung entspricht dem vorhandenen Potenzial. Jetzt gibt es in der Natur natürlich eine Reihe von möglichen Beeinträchtigungen (Störungen), die das Wachstum behindern können. Wächst die Eiche bspw. nahe der Baumgrenze in den Bergen und hat sich als Standort einen kleine Felsspalte «gewählt», so entsteht das, was man Bonsai nennt, eine Miniatureiche. Alles ist genau wie bei einem großen Baum, nur um ein Vielfaches kleiner. Wichtig zu beachten ist dabei, dass es immer eine Eiche bleibt, das Potenzial also nicht beeinträchtig wird, lediglich das, was sich daraus entwickelt, die Leistung.

Um nun aber möglichst viel des Potenziales zu entfalten, braucht die Eiche eine Umgebung (einen Spielraum), die das Keimen der in ihr vorhandenen Anlagen fördert. Dazu gehören ein gewisser Nährboden, Licht, Wasser und Wärme. Wenn das in einem ausgewogenen Verhältnis gegeben ist, beginnt der Samen zu wachsen.
Dabei tritt ein weiteres Phänomen auf, das wir beim Lernen oft vergessen: Das Wachstum geschieht nicht gleichmäßig. So ist nach einem Drittel der Zeit nicht ein Drittel des Ergebnisses vorhanden, sondern weitaus weniger. Das ist ein natürliches

Phänomen, z.B. auch bei der Entwicklung des Embryos. Auch da ist nach einem Drittel der Zeit nur ein Bruchteil der späteren Größe vorhanden, jedoch bereits alle Anlagen. Der Philosoph Graf Dürckheim sagte dazu: «Ein Radieschen wächst auch nicht schneller, wenn man daran zupft!»

Das wird in unserer ergebnisorientierten Welt übersehen. Hier muss nicht nur alles ganz schnell gehen, mit möglichst unmittelbar sichtbaren Ergebnissen. Es wird auch davon ausgegangen, dass Wachstum gleichmäßig geschieht. Der Lernstoff wird durch die Zahl der Stunden aufgeteilt, das Projekt in seine Einzelschritte zerlegt und sobald man im Verzug ist – was sehr schnell geschehen kann – entsteht Druck, der zur weiteren Beschleunigung führt. John Horman, ein ehemaliger IBM-Manager und heute als Zukunftsforscher gerne gehört, sagt dazu: «Wenn Manager Bauern wären, würden wir verhungern. Sie würden nämlich jeden Tag die Pflanzen aus der Erde ziehen, um zu kontrollieren, ob sie schon genug gewachsen sind.» Es ist daher wichtig zu beachten, dass selbst bei optimalen Bedingungen die Wachstumszeit nicht beliebig verkürzbar ist!
In einem natürlichen Wachstumsprozess bleibt man dagegen äußerst gelassen, wenn längere Zeit noch nichts «sichtbar» wird. Im Gegenteil, man fände es eher beunruhigend, wenn zu schnell auf Ergebnisse geschaut wird.

Das ist die nächste große Herausforderung für Lehrende: Stellen Sie sich vor, Sie haben ein Ziel, das Sie in eienm Jahr erreichen sollen und nach vier Monaten ist so gut wie nichts Sichtbares oder Greifbares vorhanden. Auch ohne die Vergleichsgruppe nebenan, die schon deutlich weiter ist, kommen da schnell Zweifel, ob das der richtige Weg ist oder man nicht doch beginnt, Druck aufzubauen.

Voraussetzung für den Wachstumsprozess, sei es beim Radieschen oder bei uns Menschen, ist das Vertrauen darauf, dass die Grundanlagen bereits vorhanden sind. Bei Radieschen haben wir da offenbar keine Zweifel. Wie schaut es aber bei uns Menschen aus? Lassen wir die Dinge wirklich wachsen? Ist dieses Vertrauen wirklich da oder wird eher versucht, von außen nachzuhelfen, zu ziehen, zu biegen und zu formen? Ist diese gut gemeinte Unterstützung nicht gerade die Ursache für Unsicherheiten, Zweifel und Ängste? Wird dem Einzelnen die Zeit gegeben, die für ihn die richtige ist? Hat die Sorge für genügend Nährboden, Licht, Wasser und Wärme ihren Stellenwert oder wird einfach drauflos gegossen und gedüngt? Gibt man den Spielraum, damit sich das Wesentliche entfalten kann?

Ich glaube, dass heute aus vielerlei Gründen, vor allem aber aus mangelndem Selbstvertrauen sehr oft gegen die Natur gehandelt wird. Trotz der Anlagen zu einem prächtigen Baum ähneln wir dann eher wurzelschwachen Bonsais. Diese sehen zwar ihrer Form nach genauso aus wie große Bäume, sind aber klein und verkrüppelt. Sie wurden von ihren Besitzern so gemacht und gebogen, wie es ihnen gefiel. Dabei wurden dauerhaft Zwang und Druck ausgeübt und das Ergebnis mag ganz nett anzuschauen sein. Nur mit der ihm eigenen Anlage zu einem mächtigen Baum mit großer Krone und ausladenden Wurzeln hat das nichts mehr zu tun.

«Inner game ist einfach, aber nicht leicht», meinte dazu einmal ein Seminarteilnehmer. Einfach ist, dass aus einer Eichel eine Eiche wird – das Wesentliche. Einfach ist, dass diese eine gewisse Umgebung braucht, um gut zu wachsen – den Spielraum. Einfach ist auch, dass das Wachstum erst langsam und dann immer schneller verläuft, wenn denn keiner an mir zupft!

«Wenn jeder täte, was er wollte, würde ich auch tun, was ich will!»
Inner game Weisheit

WERDE, WAS DU BIST

«Die Natur lässt sich nicht täuschen – nicht einmal die Menschliche!»
Inner game Weisheit

Alle sprechen heute davon, dass sich dies und jenes ändern muss, dass sie sich verändern müssen, dass Veränderung zur ständigen Begleiterscheinung des Lebens geworden ist. Wie das Wort «muss» schon deutlich macht, haben die wenigsten Menschen Spaß daran. Und das ist normal. Woran liegt das?

- Veränderung heißt Trennung von Altem, Gewohntem, Vertrautem.
- Veränderungen sind Prozesse, bei denen Bestehendes durch etwas Neugestaltetes ergänzt oder ersetzt wird.
- Eine veränderte Situation stellt eine Herausforderung dar.
- Im Leben ist jeder Mensch immer wieder mit Veränderungen, die er als unangenehm empfindet, konfrontiert.

Aus diesen Gründen wird jede Phase der Konstanz möglichst lange gehalten. Denn Veränderungen verlangen, Bestehendes in Frage zu stellen und nach neuen Lösungen Ausschau zu halten. Von Person zu Person fallen die Reaktionen auf die jeweiligen Herausforderungen individuell verschieden aus, abhängig auch von der jeweiligen Situation, dem Leidensdruck oder der Anziehungskraft des neuen Zustandes. Unabhängig davon verlaufen Veränderungsprozesse in ähnlicher Art und Weise. Am Anfang ist es ungewohnt und nach einiger Zeit wird es zu einer Selbstverständlichkeit.

Die Frage, wie anpassungsfähig der Mensch ist, stellten wir uns einmal in einem Seminar über den Umgang mit anstehenden Veränderungen. Genauer gesagt, saßen die Teilnehmer eines frühen Morgens aufgrund meiner Einladung in der wunderschönen Schwimmhalle des Hotels. Wohlig eingepackt in ihre Bademäntel, ein Glas frisch gepressten Orangensaft in der Hand, blickten Sie auf den einladenden Pool mit 30° C warmem Wasser, während draußen vereinzelt Schneeflocken vom Himmel fielen. Was sie nicht wussten, war, dass gestern das Außenbecken frisch eingelassen wurde, und das mein eigentlicher Anlass der Einladung war. So wurde mein Vorschlag, draußen schwimmen zu gehen, zunächst nur als Spaß aufgenommen, erst recht, als ich sagte, dass das Wasser dort ca. 14° C hatte. Als ich aber sagte, dass genau das der Grund meiner Einladung war, entstand ein spannendes Gespräch. Die Idee, hinaus zu gehen, war so abwegig und so verrückt, dass sie uns nicht mehr losließ und irgendwann sagte jemand: «Wir können noch so lange darüber reden, wir finden es nicht heraus, wenn wir es nicht ausprobieren.» Allein die Vorstellung ließ manche schon blass werden, aber wie es so ist, wenn eine Idee, verbunden mit einer für jeden wichtigen Fragestellung im Raum steht, lässt sie einem keine Ruhe mehr.
Alle entschieden sich dafür, mitzumachen. Wir einigten uns auf die Regel, nicht dem ersten Impuls zu folgen, sondern auf den zweiten zu warten. Die Frage, die wir mitnahmen, war: «Ist es möglich, sich in dieser Umgebung wohl zu fühlen?» Vergessen war das Thermalwasser und die Blicke richteten sich auf die Schleuse nach draußen. So, als würde man zum ersten Mal Fallschirm springen und sich bereit machen, wenn die Flugzeugtür aufgeht, legten die ersten ihre Bademäntel ab, stiegen die Treppe ins Wasser und schwammen durch die Schleuse. Ich konnte ja nicht bis zum Schluss warten und folgte daher an vierter Stelle. In dem Moment, wo mein Körper untertauchte, dachte ich nur: «So eine blöde Idee kannst ja nur du haben, das ist ja nicht auszuhalten!» Es war eine Art Schock, es war einfach nur unbeschreiblich kalt und hätten wir nicht die Regel aufgestellt, erst

dem zweiten Impuls zu folgen, wäre ich schon längst drinnen im warmen Wasser gewesen. So aber blieb ich und bewegte mich langsam weiter und plötzlich veränderte sich etwas. Das Unangenehme ließ so schnell nach, dass es mich überraschte. Der Körper begann sich einzustellen, während der Kopf noch dachte, das kann doch nicht sein. Ähnlich schien es auch den Anderen zu gehen und nach anfänglichem ungläubigen Staunen begannen wir, im Wasser herumzutoben, um die Wette zu schwimmen und allerlei Spiele zu veranstalten. Nach 15 Minuten verließen die Ersten das Wasser und von da an schienen uns das Hotel, der Seminarraum und vor allem das Wasser im Hallenbad viel zu warm.
Für einige war das die eindrücklichste Erfahrung im Seminar, die sich zusammenfassen lässt in dem Satz: «In Zukunft werde ich zurückhaltender sein mit meinen Aussagen darüber, was möglich und was nicht möglich ist!»

Es ist eine Tatsache, dass Veränderungen uns unser ganzes Leben lang begleiten und zum Leben gehören und dass wir uns diesen erstaunlich schnell anpassen können, auch wenn wir das aus dem gewohnten «kuscheligen» Raum heraus zunächst nicht für möglich halten. Je selbstverständlicher der einzelne Mensch Veränderungen als natürlichen Prozess begreift, und je besser er sich darauf einlassen kann, desto leichter wird er die anstehenden Situationen und Aufgaben meistern können.

Dabei zeigen zwei Indikatoren, ob eine Veränderung ansteht oder nicht:

1. Am messbaren und sichtbaren Ergebnis wird deutlich, dass der derzeitige Weg in Zukunft nicht mehr erfolgversprechend ist – das äußere Spiel.

2. Ich spüre in mir, dass es so nicht mehr stimmig ist, ich nicht begeistert bin und mir der innere Schwung fehlt – das innere Spiel.

In beiden Fällen ist eine Veränderung angebracht, die nicht unbedingt darin liegen sollte, das Bestehende zu optimieren, sondern wirklich etwas zu verändern.

Wenn Sie die beiden Indikatoren bei sich oder in Ihrem Umfeld anlegen, werden Sie feststellen, dass durchaus Veränderungsbedarf besteht – außen wie innen.

ERST LASSEN, DANN TUN

«Die ganze Zeit reicht nicht fürs halbe Tun, die halbe Zeit aber fürs ganze Lassen.»
Inner game Weisheit

Als ich dieses Kapitel beginnen wollte, habe ich es erst einmal gelassen. Stattdessen habe ich jongliert und dabei gemerkt, wie verlockend es ist, die Augen zu schließen. Ich schloss die Augen und sofort stellte sich ein unangenehmes Gefühl der Unsicherheit ein. Dabei ist das Schlimmste, was passieren kann, dass der Ball herunterfällt. Mir war aber eher so, als könnte ich selbst herunterfallen. Als ich das merkte, konnte ich das Gefühl loslassen. Über das Loslassen fiel mir plötzlich ein, dass loslassen vielleicht das wichtigste Lassen überhaupt ist, und prompt fielen mir jede Menge «Lassens» ein, nämlich auslassen, weglassen, überlassen, fallen lassen, sausen lassen, hinterlassen, dalassen, zurücklassen, vorbeilassen, in Ruhe lassen, Wasser lassen ...

Ich jonglierte weiter und dachte über das Tun nach. Das war nicht so ergiebig, was vielleicht beweist, dass Tun nicht so bedeutend ist. Mir fiel dazu nämlich nur ein: Tunichtgut, Tunsel (ein Ort in meiner Nähe), so tun als ob. Sie sehen, es lief nicht so recht mit dem Tun, und so ließ ich auch das Jonglieren, um nun dieses Kapitel zu tun. Sie sehen «Erst lassen, dann tun», funktioniert. Aber Spaß beiseite ...

Als ich im Urlaub mal wieder eine längere Lassensphase hatte, stellte ich plötzlich fest, dass viel von meinem Tun nur das Ziel hat, später einmal etwas lassen zu können. Arbeiten, um Urlaub zu machen, schnell arbeiten, um früher fertig zu werden, Gartenarbeit, um den Garten zu genießen, erfolgreich sein, um genug Geld zu haben u.v.m.

Folgende These stellte ich auf:
Ein großer Teil des Tuns dient dem Erreichen des Lassens.
Um das zu erreichen, gibt es so viel zu tun, dass man dafür die ganze Zeit braucht! Vor lauter tun bleibt keine Zeit zu lassen. Und je schneller man tut, umso mehr Tun kommt dazu. Kurz, man wird nie fertig!

Daraus ergab sich die zweite These:
Wenn ich nie fertig werde, kann ich aufhören zu versuchen, fertig zu werden.

Die Schlussfolgerung:
Ich kann lassen, ohne fertig zu sein.

Das Fazit:
Erst lassen und dann tun!

Dann besteht keine Gefahr mehr, dass das Tun einen so in Beschlag nimmt, dass man das Lassen wieder auf später verschiebt, es also wieder nicht stattfindet!

Beim Jonglieren bedeutet die Aussage «Erst lassen, dann tun» einfach, dass ein Ball weg sein muss, bevor der nächste kommt. Man lässt ihn los. Übertragen kann man das auch auf andere Bereiche, z.B. lassen im Sinne von ausruhen, Energie auftanken, sich Zeit lassen, wirken lassen, entstehen lassen. Phasen einbauen, die nichts mit Tun zu tun haben. Auch der Schlaf ist eine Form des Lassens.

Je nachdem, was und wie viel wir tun, braucht es dazwischen Lassensphasen, sonst werden Dinge überlagert, können nicht reifen. So ist es nicht nur beim Lernen sinnvoll, Pausen zu machen, damit sich der Stoff setzen kann.

Wenn wir nicht genug «lassen», merken wir das daran, dass wir erschöpft und ausgelaugt sind. Aber im Prinzip weiß das jeder von uns und nimmt sich auch immer wieder vor, solche Lassensphasen einzubauen. Aber dann ist da wieder das Tun, der Alltag und es bleibt keine Zeit mehr für das Lassen!

Eindrücklich wird das für mich auch an dem weit verbreiteten Wenn-Dann-Spiel, das Sie vielleicht auch schon mal gespielt haben. Menschen, die es spielen, sagen zum Beispiel ...

- Wenn ich groß bin, dann ...
- Wenn ich 18 bin, dann ...
- Wenn ich Geld habe, dann ...
- Wenn ich Zeit habe, dann ...
- Wenn ich erst einmal diese Position habe, dann ...
- Wenn ich könnte, wie ich wollte, dann ...
- Wenn ich einen anderen Chef hätte, dann ...
- Wenn die Welt nicht so schlecht wäre, dann ...
- Wenn das Schulsystem anders wäre, dann ...

- Wenn ich das damals anders gemacht hätte, dann ...
- Wenn ich erst einmal in Rente bin, dann ...
- Wenn ich bis dahin nicht gestorben bin, dann ...

Sie können das Wenn-Dann-Spiel beliebig fortführen. Es macht offenbar Spaß, sonst würden es nicht so viele ständig spielen. Sie können es aber auch lassen!

«Wenn ich könnte, würde ich tun, was ich wollte – aber ich will nicht!»
Inner game Weisheit

KREATION STATT REAKTION

«Besser vordenken statt nachdenken!»
Inner game Weisheit

Betrachten wir ein Tennismatch oder ein Fußballspiel. Nach anfänglichem Ausloten und sich kennenlernen kommt es vor, dass eine Partei die Führung übernimmt, angreift, Druck ausübt, bestimmt, wo es lang geht. Sie kreiert das Spiel. Die andere Partei pariert, verteidigt, reagiert auf das, was auf sie zukommt.

Es ist nicht zwangsläufig so, dass die Partei, die reagiert, auch verliert, denn sie lauert auf den Moment, um aus Reaktion Kreation zu machen und selbst aktiv zu werden. Wenn sie jedoch dauerhaft und ausschließlich reagiert, kann sie nur dann gewinnen, wenn die anderen gravierende Fehler machen oder deutlich schlechter sind. Das heißt, sie ist abhängig vom Verhalten der anderen. Die reagierende Grundhaltung drückt sich wie folgt aus:

- Die Umstände sind stärker als ich selbst.
- Nur wenn sich das und das ändert, kann auch ich etwas ändern.
- Entwickeln von Vermeidungsstrategien, d.h. vermeiden, in bestimmte Situationen zu kommen.
- Orientiere dich an den anderen und dem, was sie denken.
- Ich bin nicht gut genug.
- Ich tue (lerne) etwas, weil ich muss.
- Hätte ich früher ..., dann könnte ich heute ...!
- Sei nett.

- Das Leben ist ein Kompromiss.
- Ich kann mir nicht vertrauen.
- Ich weiß, was ich nicht will.

In diesem Denken, das übrigens sehr verbreitet ist, lernen wir beispielsweise zum Thema Kraft viel über Kraftlosigkeit, zu Selbstvertrauen etwas über Unsicherheit, zu Erfolg viel über Leiden und Mühe. Die Folge ist schließlich, dass man es nicht mehr für möglich hält, selbst Lenker seines Geschickes zu sein. Immer sind andere Menschen oder äußere Umstände dafür verantwortlich. Aber auch eigene innere Zustände werden gerne herangezogen, um sich selbst zum Opfer von Umständen zu machen, zum Beispiel Kindheitserlebnisse, Glaubenssätze, Charaktereigenschaften usw.

Im Reagieren hat man viele Mitstreiter, die sich in trauter Harmonie im Schlamm suhlen, den sie selbst immer wieder aufwühlen. Die kreierende Grundhaltung zieht klarere Gewässer vor, sie möchte den Dingen auf den Grund gehen. Die Kraft dazu kommt aus ihr selbst heraus, das gewünschte Ergebnis wird selbst bestimmt.

Um von der Reaktion zur Kreation zu kommen, bietet sich idealerweise das Grow-Modell von John Whitmore aus seinem Buch «Coaching für die Praxis» an. Wie das Wort schon sagt, geht es dabei um Wachsen. GROW folgt den vier Schritten:

G = Ziel (Englisch «goal») – Was ist mein Ziel?
R = Realität – Wie sieht momentan die dazugehörige Realität aus?
O = Optionen – Welche Möglichkeiten habe ich, mein Ziel zu erreichen?
W = Was – Was tue ich konkret?

Das Modell beginnt mit der Frage nach dem Ziel. Was will ich erreichen? Je deutlicher ich mir dieses Ziel vergegenwärtige oder es gar als Vision, als Bild eines gewünschten zukünftigen Zustandes vor mir sehe, desto größer wird seine Anziehungskraft. Das Ziel sollte daher positiv sein und nicht etwas enthalten, was Sie nicht wollen.
Die anschließende Betrachtung der Realität ist ebenso wichtig. Hierzu gehört das klare Wissen um den momentanen Standpunkt in Bezug auf das Ziel. Dazu gehört auch die Betrachtung der näheren Umstände, die das Erreichen des Zieles mit beeinflussen können.

Dem Spiel der Möglichkeiten, mit Optionen, kommt eine besondere Bedeutung zu. Hier geht es noch nicht um Entscheidungen oder gar Handlungen. Diese äußerst kreative Phase dient vor allem dazu, über eigene Grenzen hinauszudenken, nicht nur offensichtliche Möglichkeiten zu finden, sondern auch ungewöhnliche oder verrückte. Diese Phase ist auch deshalb so wichtig, weil wir gelernt haben, uns Dinge schwierig zu gestalten. Und ich habe es in meiner Praxis schon häufig erlebt, dass jemand nach dem Herausfinden einer einfachen Lösung kopfschüttelnd vor den davor in Betracht gezogenen Lösungen stand.

So hielt sich beispielsweise eine Vertriebsorganisation im Rahmen eines Meetings lange mit einem Thema des Informationsmanagements auf und war kurz davor, es zu beschließen. Ohne dass ich nähere Hintergründe kannte, schien mir die Lösung äußerst umständlich. Sie hatte den Charakter einer Arbeitsbeschaffungsmaßnahme, obwohl mehr als genug Arbeit da war. Auf mein Nachfragen hin sagte schließlich einer der Anwesenden: «Sagen wir doch, wie es ist. Herr A und Herr B haben ein Problem und diese Maßnahme soll das lösen und wir haben die Arbeit!» Die beiden Herren lösten ihr Problem im Rahmen des Meetings und allen blieb eine Menge Arbeit erspart.

Solche Beispiele umständlicher Verhaltens- und Handlungsweisen gibt es zuhauf. Sich die Zeit für ein ausführliches Spiel mit den Möglichkeiten zu nehmen, kann da einiges ersparen und macht außerdem noch Spaß.
Erst danach folgt die eigentliche Handlungsphase. Nach Klärung von G, R und O ist man jetzt in der Lage, Entscheidungen zu treffen, die wirkliche kreative Kraft haben und nicht beim ersten Windhauch wieder zurückgenommen werden. Das Handeln folgt einem unsichtbaren roten Faden wie einem Gummiband, das einen zum Ziel hin zieht. Ähnlich wie ein Fluss unbeirrt und unaufhaltsam dem Weg des geringsten Widerstandes folgt, finden Sie jetzt Ihren Weg zum Ziel. Sind unüberwindliche Hürden im Weg, werden sie umflossen und umspült. All das wird getragen von der unbeirrbaren Gewissheit anzukommen.

«Lieber erschaffen als erschlaffen!»
Inner game Weisheit

SINNVOLL ZEIT VERSCHWENDEN

«Was stehst'n da rum?
Ich kuck.
Was siehst'n da?
Nischt.
Deswegen kuckste?
Ich kuck, weil ich was sehen will.
Was willst'n sehn?
Ich kuck gerade.»
Wolfdietrich Schnurre

«Die Zeit rast dahin», «Alles wird immer schneller» und ähnliche Aussagen hört man immer wieder. Vieles wurde und wird erfunden, um die Zeit in den Griff zu bekommen, seien es Zeitplaninstrumente, um den Tag effektiver zu nutzen und damit Zeit zu gewinnen, seien es Kommunikationsmittel, die die ständige Erreichbarkeit ermöglichen. Das und vieles mehr soll helfen, Zeit einzusparen. Nur nützt es nichts, denn es bleibt nicht nur keine Zeit übrig, sie wird sogar noch weniger.

Ein wirkungsvolles Mittel, Zeit zu gewinnen, ist das «Erst-lassen-dann tun-Spiel», aber es ändert nichts an dem Phänomen Zeit, mit dem wir alle konfrontiert sind. Schauen wir einmal zurück. Es gab einmal eine Zeit ohne Uhr. Versuchen Sie sich das einmal wirklich vorzustellen: keine Uhren, keine Stunden und Minuten, keine Zeiteinteilung. Allein die Natur mit ihren Zyklen, Sonnenauf- und Sonnenuntergang im Wechsel der Jahreszeiten bestimmten über den Ablauf der Tage. Und heute? Mir sagte einmal ein Kollege, der Seminare in der Natur durchführt, um Managern neue Einsichten zu vermitteln: «Die größte Herausforderung für meine Teilnehmer ist nicht das Draußensein, das Übernachten im Freien, das Suchen von Nahrung und so weiter. Die größte Herausforderung ist das Ablegen der Uhr, gefolgt vom Ablegen des Handys. Sie fühlen sich regelrecht nackt ohne diese Requisiten.»

Schauen wir, wie die Geschichte weiterging. Für wen war die Zeit interessant? Nicht für die Bauern, die konnten sich ausschließlich an der Natur orientieren. Sie war interessant für Mönche, die regelmäßig ihren Tätigkeiten, Gebeten etc. nachgehen wollten. So begannen sie den Tag einzuteilen, indem sie die Zeit von Sonnenaufgang bis Sonnenuntergang in zwölf Teile, zwölf Stunden zerlegten. Diese

Anzahl blieb immer gleich, und wenn sich die Tage verlängerten, war eine Stunde eben länger als in der Jahreszeit mit den kurzen Tagen. Es war trotz Zeiteinteilung immer noch eine Orientierung an der Natur.

Die Zeiteinteilung, wie wir sie heute kennen, gibt es erst seit Mitte des 18. Jahrhunderts. Besonders wichtig wurde sie durch die Industrialisierung, da es dann entscheidend wurde, dass man zu einer bestimmten Zeit an einem bestimmten Ort war.

Folglich zwingt sie bis heute kleine Kinder mitten in der Nacht aus dem Bett, weil irgendjemand einmal festgelegt hat, dass dann und dann die Schule beginnt. Nebenbei bemerkt: Wenn Sie Kinder haben, lassen Sie sie so lange wie sie möchten zeitlos, sprich ohne Uhr durchs Leben gehen. Wenn Sie sie dabei beobachten, können Sie auch für sich so manche Erkenntnis daraus ziehen. Vor allem auch die, dass wir Erwachsenen uns ständig etwas vormachen, indem wir glauben, Zeit wäre etwas Objektives, etwas Greifbares, etwas Einteilbares.

Einsteins Relativitätstheorie beschreibt die Relativität der Zeit. Zeit ist also nicht absolut, das heißt immer gleich, sondern kann sich verändern. Eindrücklich wird das daran, dass unsere Uhren in unterschiedlicher Umgebung anders gehen. Je schneller wir uns fortbewegen, z.B. im Flugzeug, desto langsamer vergeht die Zeit. In der Tat zeigen zwei identische, genau gleich eingestellte Uhren unterschiedliche Zeiten an, nachdem die eine im Flugzeug einmal um die Erde geflogen ist. Etwas Ähnliches kann man bei zwei Uhren beobachten, die sich im Erdgeschoss und in der obersten Etage eines Hochhauses befinden. Die obere Uhr geht um den winzigen Bruchteil einer Sekunde langsamer als die untere. Der in Unternehmen gebräuchliche Ausdruck, dass in den oberen Etagen die Uhren anders gehen, ist allerdings nicht direkt auf die Einsteinsche Relativitätstheorie zurückzuführen.

Ein weiteres Beispiel, das die angebliche Objektivität dieser schwer fassbaren Größe Zeit verdeutlicht, ist unser Alltagsleben und unser so genanntes Zeitgefühl. Es gibt Zeiten, die langsam vergehen, ein anderes Mal vergehen sie wie im Flug. Manche empfinden bestimmte Stunden des Tages länger als andere, manche haben unterschiedlichste Zeitgefühle bezüglich der Jahreszeiten. Dann gibt es geschenkte und verschenkte Zeit, ein und denselben Zeitraum betreffend, z.B. kann man Wartezeiten in einem Stau als geschenkte oder als verschenkte Zeit betrachten.

So existieren die unterschiedlichsten Zeitgefühle und von Objektivität kann auch hier nicht die Rede sein.

Seneca sagte: «Unsere Zeit wird uns teils geraubt, teils abgeluchst, und was übrig bleibt, verliert sich unbemerkt.» Weiter sagte er: «Es ist nicht wenig Zeit, was wir haben, sondern es ist viel, was wir nicht nützen.» Offenbar war dieses Problem schon vor langer Zeit vorhanden. Einfachen oder auch komplizierten Lösungen oder Methoden, dieses Problem in den Griff zu bekommen, hat sich die Zeit aber offensichtlich entzogen. Selbst Goethe sagte: «Gegenüber der Fähigkeit, die Arbeit eines einzigen Tages sinnvoll zu ordnen, ist alles andere im Leben ein Kinderspiel.»

Aber die Zeit gar nicht mehr zu beachten, geht ebenso wenig wie der Versuch, die Zeit einzuholen, indem man noch schneller wird. Langsamer werden, entschleunigen ist dagegen ein Weg, um Zeit so wahrzunehmen, dass man selbst Mittelpunkt der eigenen Zeit bleibt und nicht Jäger oder Gejagter der Zeit ist. Betrachten Sie im Kontext Zeit einmal Ihr Leben bis heute. Haben Sie Ihr Leben gelebt oder ist es eher vergangen? Für nichts gilt gnadenloser «Vorbei ist vorbei», als für die Zeit. Sie lässt sich nicht einholen und nachholen lässt sich auch nichts. Nietzsche sagt: «Wenn man nicht zur rechten Zeit lebt, kann man auch nicht zur rechten Zeit sterben. Der Tod verliert seinen Schrecken, sofern man stirbt, wenn man sein Leben gelebt, wenn man vollbringend gelebt hat.»

«Carpe Diem – Nutze den Tag» – ist eine weitere berühmte Aufforderung, sich der unwiderbringlichen Vergänglichkeit der Zeit zumindest ein wenig zu entziehen. Wenn man sein Leben lebt, vollbringend lebt, würde das nach unseren gängigen Normen und Regeln so aussehen, als würde man viel Zeit verschwenden. Aber ist die Frage nicht letztlich, ob man es wagt, aus der sinnlosen Zeitverschwendung eine sinnvolle Zeitverschwendung zu machen und sich den Spielraum für Wesentliches zu nehmen? Denn wenn man wartet, bis man dafür Zeit hat, kann man lange warten!

«Behaupte dich als Spieler, um nicht zum Spielball zu werden!»
Inner game Weisheit

6 LEHREN MIT INNER GAME

«Lieber etwas nicht können und sich dabei gut fühlen, als etwas nicht können und sich dabei schlecht fühlen!»
Inner game Weisheit

Wenn im Folgenden von Lehrer gesprochen wird, ist jeder gemeint, der Menschen etwas nahe bringen oder Sie auf einem Entwicklungsweg begleiten möchte, seien es Lehrer, Trainer, Coaches, Führungskräfte, Eltern usw.

Beim Lehren mit inner game sprechen wir weniger von «richtig» (oder «falsch»), sondern eher von «stimmig». Was ist aus Sicht des Schülers stimmig, um das gemeinsame Ziel zu erreichen? Denn nur wenn er «gestimmt» ist, kann aus dem zu Lernenden eine wohltönende Melodie werden. Und der Resonanzkörper für diese Stimmung ist der ganze Mensch mit seinem Denken, Wollen und Fühlen, nicht nur der Kopf, der irgendwelche Fakten lernen soll. Daher steht vor jeglichem Lernen erst einmal ein gemeinsames Einstimmen.

AUF SEINE INNERE STIMME HÖREN

Bevor man beginnt, etwas zu lehren, sei es nun eine Sportart oder anderes, sind erst einmal verschiedene Begleitumstände zu klären, wie zum Beispiel Motivation, Zielsetzung, mögliche Ängste, Zweifel und Hinderungsgründe. Dabei ist es wichtig, sich immer wieder zu verdeutlichen, dass sich Lernen in Schritten vollzieht, und dass viele kleine Erfolgserlebnisse wesentlich wertvoller sind als ein einziges, das erst in ein paar Jahren zum Tragen kommt.
Vor allem gilt es, sich vor Beginn von einigen angelernten Einstellungen zu verabschieden. So darf lernen vom ersten Moment an Spaß machen, und nicht erst, wenn man etwas beherrscht. Meistens hat man am Anfang ohnehin viele Erfolgserlebnisse und positive Überraschungen, wenn man sie zulässt und sich nicht an einem fernen Ziel misst. Es kommt dabei nicht darauf an, wie es für andere

aussieht – «Zuschauer» spielen keine Rolle –, sondern einzig darauf, wie man sich dabei fühlt. Und gute Gefühle kommen von innen, nicht von außen. Beobachten Sie doch einmal Menschen, die eine Sportart so gut beherrschen, wie Sie es sich wünschen würden, worüber Sie jetzt sehr glücklich wären. Sind diese Könner auch glücklich über ihre Fertigkeiten, machen sie einen zufriedenen Eindruck? Häufig können Sie beobachten, dass Könner meist mehr mit sich hadern als jeder Anfänger. Sie aber haben als Beginner die einmalige Chance, dieses Spiel gar nicht erst zu beginnen, sondern von Anfang an jeden Lernfortschritt zu genießen. Und das beginnt damit, dass Sie lernen, auf sich, auf Ihre innere Stimme zu hören. Und wenn die sagt: «Es reicht», dann hören Sie auf. Wenn sie sagt: «Langsamer», dann machen Sie langsamer. Gehen Sie so an Ihr Thema heran, dass es Ihnen Spaß macht, und folgen Sie keinen von außen vorgegebenen Trainingsprogrammen.

GROSS DENKEN

Das Thema oder der Lernstoff ist lediglich der Anlass der Begegnung, die man Unterricht, Seminar usw. nennt. Das Thema gibt Rahmen, Richtung und Ziel vor. Im Mittelpunkt steht allerdings der Mensch mit seinen Potenzialen und die Frage, wie diese mit dem «Geist», dem Wesen des Lernstoffes so zu verbinden sind, dass es be-geistert. In diesem größeren Denken rückt die Bedeutung des Wissens immer weiter in den Hintergrund. Menschen mit individuellen Fähigkeiten, Wünschen und persönlichen Geschichten treten an seine Stelle.

Vorher:

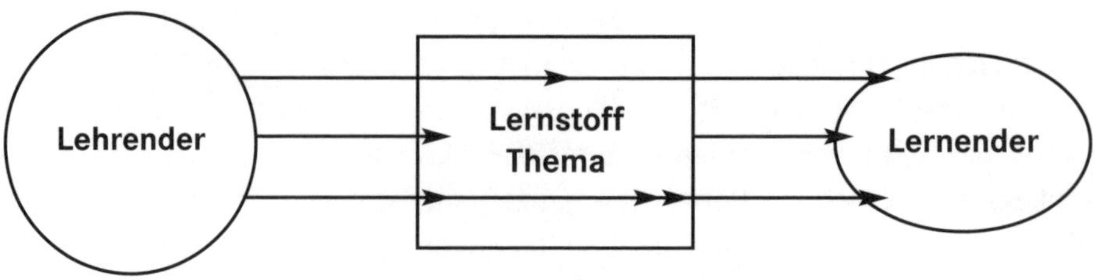

Nachher:

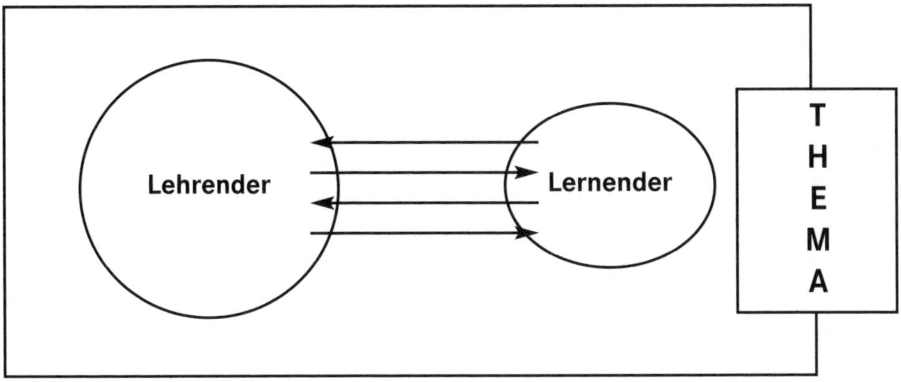

NICHT AM «STOFF» HÄNGEN

Die geringe Gewichtung des Wissens bringt viele an ihre Grenzen, ist es doch in erster Linie das lange und mühsam erarbeitete Wissen, worauf sich jeder stützt und das er vermitteln möchte! Geht es nicht gerade darum, dieses wertvolle Wissen weiterzugeben? Ja und Nein. Dem inner game Lehrer geht es darum, dass der «Schüler» dieses Wissen, diese Fähigkeit erwirbt und nicht einfach bekommt. Das ist etwas ganz anderes, als wenn fertiges Wissen von außen aufgepfropft wird wie der Birnenzweig auf einen Apfelbaum. Ich gehe so weit zu behaupten, dass es sogar sinnvoll wäre, der Lehrer lehrte einen Stoff, den er selbst gar nicht beherrscht. Zum einen besteht dann nicht die Gefahr, dass er etwas vermitteln möchte, zum anderen kann er sich dann viel besser in die anderen «Unwissenden» hineinversetzen und sich gemeinsam mit diesen auf den Forschungsweg begeben. Selbstverständlich kommt ihm dabei seine Erfahrung zugute, bereits etwas, nämlich sein eigenes Thema oder Fachgebiet, bis zum meisterlichen Können erarbeitet zu haben. Da er sich aber nicht mehr über dieses spezielle Wissen definiert, er in diesem Fall gar keines hat, kann ein inner game Lehrer in aller Gelassenheit zu seiner Unwissenheit stehen. Das nimmt viel vom Leistungsdruck und gibt Spielraum, sich mehr auf das Wesentliche, auf den Menschen einzulassen. Der inner game Lehrer ist nicht mehr Wissensvermittler, sondern er wird zum Spielraumgestalter.

VERTRAUEN

«Was Hänschen nicht lernt, lernt eben Hans!»
Inner game Weisheit

Die Beziehung zwischen Lehrendem und Lernendem ist getragen von Offenheit und Austausch. Fehler gibt es nicht bzw. sie sind erwünscht. Richtig und falsch im Sinne von gut und schlecht gibt es auch nicht, da davon ausgegangen wird, dass niemand absichtlich etwas falsch macht und Fehler daher nur als Hinderungsgründe auf dem Weg zum gewünschten Ergebnis von Interesse sind. Die Teilnehmer lernen, dass es etwas Schönes ist, sich gegenseitig auf Dinge aufmerksam zu machen. Sie lernen beispielsweise auch die Vorteile unterschiedlicher Verhaltensweisen und Fertigkeiten zu schätzen: Was kann der Schnelle vom Langsamen lernen? Und umgekehrt, der Langsame vom Schnellen? Die Grundlage dafür ist, darin zu vertrauen, dass das Richtige im richtigen Moment geschieht, wenn ein geeigneter Rahmen (Spielraum, Wachstumsraum) dafür geboten wird.

JEDER FINDET SEINEN WEG SELBST

«Jemandem sagen, wie es geht, ist so, als würde man sagen, was in den Geschenken drin ist, die unter dem Weihnachtsbaum liegen. Man nimmt ihm das spannende Erlebnis des Auspackens, die Überraschung und die eigene Freude.»
Inner game Weisheit

Der inner game Lehrer hilft dem Lernenden aus seiner Schülerrolle, in der er glaubt, nur lernen zu können, wenn er gesagt bekommt, wie es geht. Er hilft ihm zu erkennen, dass das eigentlich Spannende der Weg, das Erforschen, das Herausfinden ist und weniger das Ergebnis, das Ziel. Er holt ihn heraus aus seiner scheinbar sicheren Defensive. Dazu gehört, dass Momente der Spannung, Momente des Schweigens und Suchens Teil des Prozesses sind und nicht abgekürzt oder durch Antworten gefüllt werden müssen. Voraussetzung dafür ist, dass man anerkennt, dass es nicht einen, nämlich den richtigen Weg gibt, sondern individuelle, für den Einzelnen stimmige Wege zum Ziel führen.

Stören Sie den Lernenden daher nicht mit zuviel (gut gemeinten) Rat-Schlägen beim Lernen. Beim Erlernen einer körperlichen Fertigkeit wird besonders deutlich, wo Lehren sogar behindert. Kaum hat man eine Ahnung, wie es geht, kommt schon der nächste Tipp, der vor allem deutlich macht, dass man noch weit vom Ziel entfernt ist. Dabei gilt es gerade dieses Gefühl «Ich kann es!» zu fördern und wenn es da ist, am Leben zu halten, selbst wenn man als Lehrender sieht und weiß, dass der Betreffende noch weit von der Könnerschaft entfernt ist. Aber auf der Welle des «Ich kann» lässt es sich nun mal sehr förderlich in das noch weite Meer hinaussurfen. Wenn Sie dagegen gleich von möglichen Gefahren durch Haie usw. erzählen, wird manch einer gar nicht erst aufs Brett steigen oder vor lauter Anspannung schnell wieder herunterfallen.

ALLES ZU SEINER ZEIT

Den Menschen und Dingen ihre ihnen eigene Zeit zuzugestehen ist nicht leicht, vor allem, wenn es schnell gehen soll. Alles zu seiner Zeit heißt daher, darauf zu vertrauen, dass es genau dann ganz leicht geht, wenn der Zeitpunkt gekommen ist. Das ist eine der größten Herausforderungen für den Lehrenden, gerät er doch immer wieder in Versuchung, helfend einzugreifen. Sinnvoll ist es dagegen, nur einzugreifen, wenn die Gefahr besteht, sich etwas anzugewöhnen, was nachher schwer zu korrigieren ist.

SPIELRAUM GEBEN

Das ist einfacher gesagt als getan und wird oft missverstanden. So wird häufig ein vorher enger Rahmen – zeitlicher oder inhaltlicher Art – einfach ersetzt durch einen Freiraum, der zu Ausuferung oder Chaos führt. Klassisches Beispiel ist die antiautoritäre Erziehung in den 70er Jahren, in der Kinder tun und lassen konnten, was sie wollten, mit dem Ergebnis, dass alles aus dem Ruder lief. Oder Führungskräfte, deren gut gemeinter Laisser-faire-Stil dazu «führt», dass gar keine Führung mehr spürbar ist.

Spielraum geben meint dagegen etwas anderes: Es gibt einen klaren Rahmen, denn ohne diesen gäbe es ja keinen Raum. Und es gibt ein ebenso klares Ziel, hinter dem alle stehen. Der Rahmen ist jedoch so gesteckt, dass der Raum, der sich daraus ergibt, ein Spielraum ist. Das bedeutet, dass er genug Bewegungsfreiheit lässt, um sich voll zu entfalten und sich so bewegen zu können, dass das Ziel zu erreichen ist.

Verdeutlichen kann man das gut am Fußballspiel. Dieses wie jedes andere Spiel hat Regeln, hat Begrenzungen und Freiheiten und vor allem, es hat eine Richtung, ein Ziel. Gäbe es die Außenlinien und die Ausrichtung auf ein Tor nicht, wären die Spieler irgendwann verschwunden. Gäbe es die Aufstellung gemäß der besonderen Fähigkeiten der Spieler nicht, würden alle gleichzeitig dem Ball hinterherlaufen. Es gibt also eine klare Begrenzung, eine Richtung und eine Positionierung. Darin ist aber jeder frei, sich zu bewegen, flexibel zu agieren, auf Veränderungen schnell zu reagieren und die eigene Kreativität einzusetzen, um in einen Spielfluss zu kommen. Voraussetzung ist der Blick für das Ganze, das Zusammenspiel und die Verantwortung jedes Einzelnen für das Ergebnis. Wichtig für ein erfolgreiches Zusammenspiel sind auch die Spielregeln, wobei es eine Besonderheit beim Fußball ist, dass ein Reiz darin zu liegen scheint, diese zu brechen, wofür es dann den Schiedsrichter geben muss.

Vom Schiedsrichter einmal abgesehen, lässt sich das gut auf den Spielraum im Sinne eines Lernraumes übertragen. Der inner game Lehrer hat eine «Mannschaft», an deren Spielen er selbst nicht aktiv teilnimmt. Zur Vorbereitung dieser Spiele gestaltet er in erster Linie einen lernfördernden Rahmen und weckt die Lust am Thema. Er hat die Aufgabe, aus vielen Einzelspielern eine Mannschaft zu machen, die gemeinsam in eine Richtung geht. Dazu hilft er jedem Einzelnen herauszufinden, worin seine besonderen Stärken liegen. Ist jemand eher offensiv oder eher zurückhaltend, eher draufgängerisch oder abwägend, eher chaotisch oder systematisch, eher rational oder emotional und vieles mehr. Jeder Mensch ist anders und fühlt sich in der Position am wohlsten, in der er über die meisten Fähigkeiten verfügt. Bevor also das eigentliche Spiel beginnt, sind die Positionen zu klären. Dabei wird deutlich, wie sehr alle voneinander abhängen. Gäbe es nur Stürmer oder nur Verteidiger, könnte das Ziel nicht erreicht werden. Das Gleiche gilt für das Zusammenspiel im «Lernteam», das der inner game Lehrer hilft zusammenzustellen. So vorbereitet, geht das eigentliche Spiel erst los und jeder macht sich gemäß seinen Fähigkeiten und seiner Spielposition daran, seinen Teil zum «Wissenserwerb» beizutragen. Der Spielraum dient dann letztlich dazu, dieses Einzelwissen zu einem gemeinsamen Wissen zu machen, wobei jeder ständig vom anderen lernt.

Ähnlich wie beim Fußballspiel, ist es für den «Trainer» oft nicht einfach, sich herauszuhalten und den Dingen ihren Lauf zu lassen. Verständlich, verfügt er doch über ein Wissen, dass er manchmal am liebsten mit einem Trichter in die Köpfe füllen würde. Das nicht zu tun und es stattdessen in jedem einzelnen entstehen und wachsen zu lassen, heißt Spielraum geben!

SPIELEN UND BEWEGEN

«Beim Spiel kann man einen Menschen in einer Stunde besser kennenlernen als im Gespräch in einem Jahr.»
Platon

Der inner game Lehrer nutzt körperliche und spielerische Aktivitäten wie Sportarten, Musik, Tanzen und setzt diese gezielt für den Lernprozess ein. Er erkennt damit an, dass der Mensch sich von Natur aus gerne bewegt. Für ihn ist selbstverständlich, dass körperliche und geistige Beweglichkeit ebenso miteinander korrespondieren wie Kraft und Ausdauer. Körper, Geist und Seele oder Hand, Kopf und Herz sind in einem ausgewogenen Verhältnis. Aktivität wechselt mit Ruhe, geistige Herausforderung mit körperlicher. Kurz, Unterricht ohne Jonglieren oder andere Bewegungsformen ist für ihn undenkbar.

Eine der wirksamsten Formen von Bewegung, die schon von den alten Griechen aktiv genutzt wurde, ist das Gehen in der Natur. Man wandelt sozusagen mit einem Thema, man folgt einer Frage solange, bis die Antwort auftaucht. Man nutzt die Natur zur Inspiration und als Kraftquelle. Wo sonst sollte man seinen Weg finden als beim Gehen?

LERNEN GESCHEHEN LASSEN

Wir lernen alles, was uns über den Weg läuft, das lässt sich gar nicht vermeiden. So ist der Mensch veranlagt, wie die neuesten Gehirnforschungen beweisen. Nur, wenn er muss, gar nicht will, gar nicht interessiert ist und sich somit anspannt und verkrampft, lernt er nicht oder nur schlecht.
Es geht demnach darum, sich oder seine Schüler in einen Zustand zu bringen, der von Offenheit, Interesse, Entspannung und Vertrauen geprägt ist. Ist dieser vorhanden, geschieht lernen von alleine. Sollte es einmal einfach nicht weitergehen, dann handelt es sich entweder um ein natürliches Lernplateau, das heißt, Sie sind gewissermaßen satt und es passt nichts mehr rein, oder es ist einfach nicht der richtige Zeitpunkt. In diesem Fall machen Sie am besten eine kleine Pause und halten es mit Goethe: «Hast in der bösen Stund geruht, ist dir die gute doppelt gut.»
Wenn es Ihnen gelingt, lernen geschehen zu lassen, lässt sich Erfolg nicht vermeiden. Sie lernen quasi von allein in Ihrem Tempo, Ihrem Rhythmus, in Ihrer eigenen

Bewegung, innerhalb eines Zeitraumes, den Sie selbst bestimmen. Und völlig unabhängig von äußeren Geschehnissen wissen Sie, was für Sie gut ist, wann Sie weitermachen sollten, wann eher aufhören. Keiner braucht es Ihnen zu sagen oder Sie zu bestätigen.

DIE SCHLÜSSEL «FRAGEN – BEWEGEN – BETEILIGEN»

Schon allein gefragt zu werden, bewegt. Und wenn dann auch noch erkannt wird, dass die Frage ernst gemeint ist, entsteht eine innere Bewegung, die oft in kürzester Zeit Energie freisetzt.
Es geht aber nicht nur um innere Bewegung, sondern auch um äußere. Stundenlang zu sitzen, ist nicht menschlich. Der Mensch ist von Natur aus ein Läufer, ein Geher, ein lebendiges Wesen, das sich bewegen will. Mir ist es immer wieder ein Rätsel, wie es täglich Tausende von Menschen aushalten, dazusitzen und sich Dinge anzuhören, die sie weder betreffen noch interessieren und schon gar nicht bewegen.

Menschen möchten kreieren, möchten etwas gestalten und nicht alles fertig vorgesetzt bekommen. Mithelfen, ausprobieren, aus Fehlern lernen, Erfahrungen sammeln und gemeinsam erfolgreich sein, das ist es, was aktiviert. Eine perfekte Präsentation von vorne zeigt nur, dass jemand im Vorfeld viel gearbeitet hat. Dankbar werden Pannen wie platzende Beamerlampen oder Redner, die plötzlich vom Manuskript abweichen und lebendig werden, aufgenommen.
Die logische Konsequenz daraus ist: Wenn Lehrende und Führungskräfte wirklich möchten, dass sich die Lernenden und Mitarbeiter aktiv beteiligen, muss man ihnen die Gelegenheit dazu geben und nicht alles fertig vorgekaut servieren.

Der Mensch wird dann vom Zuschauer zum Akteur und ist von sich begeistert, statt von anderen oder einer Methode.

«Inner game ist einfach, aber nicht leicht.»
Inner game Weisheit

7 STELL DIR VOR, ES IST SCHULE UND JEDER WILL HIN

«Oh, schmeckt der gut», sagte Sabine, ein kleines Mädchen, «viel besser als die aus dem Laden. Wie machst du das, dass deine Äpfel so gut sind?» Die Frage richtete sie an Herrn Müller, ihren Nachbarn, dessen Hobby sein Garten war. «Wenn die Schule nur auch so gut schmecken würde!», meinte Sabine seufzend, als sie mit ihrem Apfel wegging.
Herr Müller blieb in Gedanken zurück, stützte sich auf seine Schaufel und schloss die Augen. Ja, warum schmeckt die Schule nicht so gut wie seine Äpfel? Diese Frage ließ ihn nicht mehr los. Herr Müller ist Lehrer, und das schon seit langer Zeit. Und während er die warme Herbstsonne in seinem Gesicht spürte, wurde ihm bewusst, dass auch ihm die Schule schon seit langem nicht mehr schmeckte. War das nicht damals auch ein Grund, warum er sich immer mehr auf sein Hobby stürzte? Und wie oft denkt er heute schon morgens in der Schule daran, wann er endlich in seinen geliebten Garten kommt. Aber warum war das so? Er hatte sein Fach doch früher einmal geliebt – aber das war lange her und er konnte sich kaum noch daran erinnern.
Am nächsten Morgen pflückte er einen Korb voll seiner schönsten Äpfel und nahm sie mit in die Schule. Er begann seinen Unterricht, indem er die Äpfel austeilte und sagte: «Ich möchte mit euch gerne etwas herausfinden, was mich beschäftigt, und zwar: Wie schmeckt ein Apfel und wie schmeckt die Schule und was ist der Unterschied?» Die Schüler dachten, er wäre übergeschnappt, aber sie mochten ihn, und als sie sein ernstes und nachdenkliches Gesicht sahen, machten sie mit. So begannen sie Gründe zu sammeln, warum der Apfel gut schmeckt. Herr Müller schrieb eifrig mit, war er doch auch sehr stolz auf seine Äpfel: «Die Äpfel sind saftig, süß, frisch, herzhaft, energiespendend, lebendig, einmalig, nährend, knackig und einfach gut», lauteten die Bemerkungen der Schüler.
Auf die zweite Frage – «Wie schmeckt die Schule?» – kamen nach anfänglichem Zögern folgende Antworten: sauer, fad, nach nichts, mehlig, unreif, holzig, hart, geschmacklos usw. «Natürlich nicht immer», meinten einige tröstend, als sie Herrn Müllers Gesicht sahen.

Herr Müller schrieb auch das mit und als er fertig war, rutschte ihm heraus: «Ich finde das auch!»
«Waaas?», kam es wie aus einem Munde. Und als er seinen Schülern eingestand, dass ihm die Schule auch nicht schmecke, herrschte erst mal einiger Tumult.
«Ja, dann ändern wir das doch und machen, dass die Schule schmeckt!», sagten die Schüler, und auf das verzweifelte: «Wie denn?», von Herrn Müller sagte einer von ihnen: «Das ist doch ganz einfach! Wir nehmen die erste Liste und unser Fach und schauen einfach, was es braucht, damit es saftig, süß, frisch, herzhaft usw. wird. Das kann doch nicht so schwer sein!»
Zum ersten Mal seit langem arbeitete Herr Müller am Nachmittag nicht in seinem Garten. Stattdessen saß er im Liegestuhl und war fasziniert von der Einfachheit der Frage: Nicht, wie vermittelt man Wissen, ist die Frage, sondern was macht Wissen saftig, süß, frisch und herzhaft. Was ist die Essenz, der Kern, das Wesentliche?

Mit diesem Beispiel möchte ich verdeutlichen, dass man von klein auf immer wieder erlebt hat, dass Lernen nicht wirklich «schmeckt», nicht das Wesen der Dinge trifft und somit nicht wirklich begeistert. Die Wiederholung dieser Erfahrung wird zu einer Gewohnheit auf beiden Seiten, auf der des Lehrers genauso wie auf Seiten des Schülers.

Die Folge sind dann sich bedingende Erwartungshaltungen: Der Lehrer: «Ich weiß etwas und indem ich es Dir beibringe, lernst du es.» Das innere Spiel dabei: «Hoffentlich machst du gut mit!»
Der Schüler: «Der Lehrer wird mir jetzt etwas beibringen – hoffentlich ist es nicht zu langweilig (inneres Spiel).»

Diese Gewohnheiten auf beiden Seiten sind so stabil, dass selbst erfahrene Führungskräfte in einem Führungskräfteseminar sitzen wie Schüler in der Schule: abwartend, vorsichtig, zurückhaltend bis misstrauisch. Umso überraschter und offener sind sie, wenn sie merken, dass es tatsächlich um sie geht, dass ihre Erfahrung und ihr Wissen gefragt ist, dass es ums praktische Leben und nicht um graue Theorie geht.

Im Folgenden möchte ich unter der Überschrift «Lernzirkus» einige Praxisbeispiele beschreiben.

«Lernzirkus» ist ein Begriff geworden, mit dem ich in Schulen und Universitäten aktiv bin. Er hat zwei Bedeutungen:

1. Bestandsaufnahme (Aufrüttelphase): Was ist das eigentlich für ein (lahmer) Zirkus hier, der sich Lernen nennt? Alle sitzen müde herum und warten auf die Musik von vorne!

2. Blick in die Zukunft (Motivationsphase): Lasst uns lernen wie im Zirkus betreiben: bewegend, lebendig und spannend. Seid selbst die Artisten und ihr werdet von euch begeistert sein.

Mit den beiden folgenden Praxisbeispielen möchte ich Impulse geben. Ich bin mir durchaus bewusst, dass es etwas anderes ist, ob man dauerhaft in einem System steckt, oder wie ich, ab und zu als Trainer und Berater in der Schule aktiv ist.

WAS FÜR EIN LERNZIRKUS

Was haben Schule und Zirkus gemeinsam?
Es sind viele Kinder da.
Sie sitzen in Reihen.
Sie sind still, wenn es losgeht.

Was ist anders im Zirkus?
Die Kinder kommen gespannt und erwartungsvoll.
Sie staunen über das, was alles möglich ist.
Sie lachen, klatschen und freuen sich und finden es schade, wenn es rum ist.

Was ist das Besondere am Lernzirkus?
Die «Zuschauer» sind die Akteure.
In kürzester Zeit wird mit viel Spaß erstaunlich viel gelernt.
Man ist von sich selbst begeistert statt von anderen.

Ziel des Aktionstages «Lernzirkus» ist es, am Beispiel der Metapher des Jonglierens zu zeigen, worauf es ankommt, um leicht und spielerisch lernen zu lernen und zu lehren. Alle Beteiligten lernen an diesem Tag das Jonglieren in kürzester Zeit! Morgens die Schüler, mittags die Lehrer und abends die Eltern. Dabei bieten sich unterschiedliche Fragestellungen an, die sich mit dem Jonglieren verknüpfen lassen:

- Für die Schüler: Was macht lernen besonders leicht und wie gehe ich spielerisch mit Lernhemmnissen um?
- Für die Lehrer: Wie mache ich mir das Leben und Lehren leichter? Wie jongliere ich mit den unterschiedlichen Anforderungen? Wie bewege ich meine Schüler, sich selbst zu bewegen?
- Für die Eltern: Wie kann ich mehr in die natürlichen Lern- und Wachstumsprozesse meiner Kinder vertrauen und sie darin fördern?

Was mich an dem Aktionstag besonders überraschte, waren die vor Leben und Energie sprühenden, begeisterungsfähigen Schüler. Wie schnell bekommen diese glänzende Augen und sind voll bei der Sache, so dass es schließlich «nur» noch einen Rahmen braucht, der ein Miteinander arbeiten ermöglicht und gleichzeitig Spielraum für Entfaltung lässt. Einige Originalaussagen aus einer 3. und 4. Klasse mit dreimal 50 Schülern (jeweils zwei Schulstunden):

- *«Das Anfangen mit den Tüchern fand ich gut, weil es zunächst leichter ist, am Schluss konnte ich schon fast mit drei Bällen jonglieren.»*
- *«Was ich gut fand war, dass wir von leicht auf schwierig angefangen haben.»*
- *«Ich fand gut, dass dabei Musik lief.»*
- *«Nachher konnten es fast alle mit drei Bällen.»*
- *«Wir alle hoffen, dass Christian noch vielen Kindern das Jonglieren beibringt.»*

Anders als bei den Schülern, deren Energie kaum zu bändigen war, merkte man den Lehrern im Workshop am Nachmittag schon an, dass ihr Beruf auf ihnen lastete, obwohl nach wie vor der Wunsch spürbar war, das Beste für die eigenen Schüler zu geben. Das Jonglieren löste daher nicht nur manche Muskeln und sorgte für eine gewisse Leichtigkeit, es gab auch hier interessante Assoziationen:

- *«Durch das Jonglieren habe ich noch mal das Lernen betrachtet, kann mich in die Lernsituation in der Schule hineinversetzen, wie Schüler sich fühlen, wenn etwas nicht so klappt, wie sie und oft auch ihre Eltern und Lehrer von sich/ihnen erwarten.»*
- *«Das Spielen mit den Bällen hat mich an meine Kindheit erinnert, hat mich motiviert, den Unterricht mehr spielerisch zu machen.»*
- *«Ich habe erkannt, dass man Fehler nicht absichtlich macht, ich beim Jonglieren nicht und die Kinder in ihren Arbeiten, Hausaufgaben etc. nicht.»*
- *«Ich habe erkannt, dass Jonglieren viel mit Lernen zu tun hat, mir ist der Transfer klar geworden.»*
- *«Ich habe Mut bekommen, Fehler zu machen.»*
- *«Durch das Jonglieren habe ich ein anderes Empfinden für Kinder bekommen, ich kann mich besser in sie hineinversetzen durch meine eigenen Erfahrungen, die ich beim Jonglieren machte.»*
- *«Es macht nichts, Fehler zu machen, man muss nicht alles können, jeder Mensch hat andere Qualitäten.»*

Abends kamen dann überwiegend die Eltern der Schüler vom Vormittag und erlebten einmal eine ganz andere Art von «Elternabend»:

- *«Es war Lernen ohne Druck.»*
- *«Auch eine langsamere Entwicklung führt zum Ziel.»*
- *«Es ist wichtig, Fehler selbst zu erkennen.»*
- *«Mir wurde klar, dass es das Gegenteil bewirkt, wenn ich mein Kind unter Druck setze. Das lasse ich jetzt!»*
- *«Ich habe erkannt, dass positive Verstärkung sehr wichtig ist für den Erfolg.»*
- *«Lernen macht ja Spaß!»*

Wenn ich die Kriterien «Lebendigkeit, Energie, Forschungslust, Neugierde, Zuversicht» an diesen Tag ansetzen würde, dann dürften wir uns nicht um die Kinder sorgen, sondern um uns Erwachsene. Bei den Kindern würde es genügen, einen Rahmen zu bieten, der ihnen erhält, was sie haben und Möglichkeiten bietet, zu wachsen und zu lernen.

DER STEIN DES ANSTOSSES

Abgesehen von ein paar verstohlenen Blicken, saßen alle nach einiger Zeit, ohne Kontakt mit mir aufgenommen zu haben, auf ihren Plätzen. Ich auch. Nichts geschah. Ich schaute mich in aller Ruhe um, schaute mir die Schüler an und wartete entspannt auf einen Impuls. Ich forschte in ihren Augen nach dem Funken, von dem ich wusste, dass er da war und stellte mir die gleichen Jungs bei einer abendlichen Party vor. Irgendwann fragte ich:
«Wie heißt denn der Workshop heute?» (Auf dem Flipchart waren dort, wo normalerweise der Name steht, nur Pünktchen). Keine Reaktion. Ich schaute einen näher an, was ihn immerhin zu einem Schulterzucken brachte. Ich fragte einen ganz gezielt: «Keine Ahnung», war die Antwort. Ich schrieb «Keine Ahnung» auf das Flipchart. «Was hast du denn gestern deiner Freundin erzählt, wo du heute hingehst?» «Auf irgend so ein Seminar halt!» Ich schrieb auch das auf. Ein anderer sagte dann noch: «Ein Lernseminar». So hatte ich drei Titel und ließ jetzt abstimmen: Wer meint, dass der Workshop «Keine Ahnung» heißen soll, wer ist für «Irgendein Seminar» und wer für «Lernseminar». Jeweils neun Stimmen gab es für Version 1 und 3, «Irgendein Seminar» bekam sechs Stimmen. Daraufhin forderte ich sie auf, sich in diesen drei Gruppen zusammenzusetzen und sich zu fragen, was denn in einem «Keine Ahnung-Seminar», einem «Irgend so ein Seminar» und einem «Lernseminar» passieren sollte. Zuvor bat ich sie, mit geringstmöglichem Krafteinsatz aufzustehen. Als alle standen, bat ich diejenigen, die ausgeschlafen sind, auf die eine Seite des Raumes, die Müden auf die andere Seite. Das klappte und nachdem ich noch ein paar Fragen gestellt hatte, die zu lustigen Wanderungen von der einen zur anderen Seite des Raumes geführt hatten – Wer hört gerne Musik?, Wer macht gerne Sport?, Wer hat eine Freundin?, Wer hätte gerne eine? – und schließlich die Frage, bei der sich alle einig waren und auf eine Seite gingen: «Wer wäre jetzt lieber woanders?»

Was mir da entgegentrat, besser gesagt entgegenschlurfte, ist das, was uns Trainern und Lehrern in mehr oder weniger deutlicher Form immer wieder begegnet, nämlich das Gegenteil von begeisterten, lebendigen Menschen, die darauf brennen, etwas Neues zu erfahren. In einem Seminar in der Wirtschaft sieht das energetisch oft nicht viel anders aus, obwohl diese Teilnehmer ihre Körpersprache natürlich besser im Griff haben.

Da lernen kein Selbstzweck ist, sondern etwas, das in uns Menschen angelegt ist, ist es wesentlich, in diesen demotivierten Berufsschülern die Menschen zu sehen, die sie ursprünglich waren und immer noch sind.

So gibt es zwei Möglichkeiten, diese Gruppe von Schülern anzuschauen:

1. Als das, was man äußerlich sieht und hört bzw. eher nicht hört.
2. Als das, was sie eigentlich sind und aus Gewohnheit nicht zeigen.

Im ersten Fall akzeptiert man den Zustand, an dem man mit viel Engagement, neuesten Methoden, zielgruppengerechten Medien vielleicht etwas rütteln kann. Eigentlich wird er aber als gegeben akzeptiert und damit weiter manifestiert.

Im zweiten Fall akzeptieren Sie lediglich, dass die Schüler das, was sie hier ausdrücken, irgendwo gelernt haben. Das gehört nicht zu ihnen, nicht zum Menschsein und zwar einfach deshalb nicht, weil es leblos, kraftlos und resigniert wirkt und lässt sich wie folgt beschreiben:

- Diese Menschen sind auf Sparflamme. Das heißt, dass da eine Flamme ist, die entfacht werden kann.
- Alle im Raum – ohne Ausnahme – sind entflammbar.
- Irgendwelche Quoten – die Guten, die Mittleren, die Schlechten – gibt es nicht.
- Alles was sie offenbar Negatives über das Lernen, über Unterricht in sich tragen, haben sie gelernt.
- Ihr Verhalten ist berechtigt, da sie Erfahrungen gemacht haben, die lernen zu etwas Bedrohlichem und Unangenehmen gemacht haben.
- Lernen ist kein Monolog, sondern ein Erfahrungsprozess.
- Wer etwas wissen möchte, muss fragen lernen.

Und so ging die Geschichte weiter:

Wir jonglierten, besser gesagt, die Schüler jonglierten, noch besser gesagt, sie machten Bewegungsansätze, die an Ischias, Gicht und Rheuma erinnerten. Ich stellte mir die gleichen Menschen in der Disco vor und wusste, die können auch anders. Als ich das ausdrückte, kam nach und nach der ganze Frust raus, das viele Versagen, Nicht Können, Fehler machen, dumm sein. Logisches und intelligentes Resultat: Möglichst wenig sagen, nicht bewegen, nicht auffallen. Und jetzt das, zu Musik mit bunten

Bällen und Tüchern im «Klassenzimmer» herumhopsen! Auch Manager im Anzug haben an dieser Stelle so manche Fluchttendenzen, ist das doch das Gegenteil von Arbeit, Ernst, Anstrengung, Leiden, Druck. Bisher hat in diesem Widerstreit – zwischen «Macht Spaß», und «Nichts wie weg», – immer der Körper, genauer der Mensch gesiegt, vor allem dann, wenn zunehmend erkannt wurde, dass man auf diese Weise in ausgesprochen kurzer Zeit etwas lernt, was man nicht für möglich hielt, nämlich das Jonglieren. Worum es aber in Wirklichkeit geht, und so war es auch bei den Berufsschülern, war diese Öffnung für Neues, das In-Bewegung-kommen, gemeinsam etwas tun, miteinander lachen und vor allem der schnelle und überraschende Erfolg.

Und als ich sie dann aufforderte, in Gruppen darüber zu reden, was sie hier eigentlich machen wollen, wurde es zunehmend lebendiger. Und die Ergebnisse waren so, dass alle und vor allem auch ich richtig Lust bekamen, loszulegen:

- *Wie bekommt man Lust am Lernen?*
- *Wie kann ich möglichst viel Dinge in kurzer Zeit behalten?*
- *Etwas lernen und Spaß haben!*
- *Wie lerne ich am besten und am schnellsten?*
- *Neue und einfachere Lernmethoden kennen lernen*
- *Noch ein bisschen in der Stadt rumlaufen*

Es gab noch viele bewegende Momente und ein Außenstehender hätte schon seine Bedenken, wenn er jetzt die Gesichter sehen würde: «Arbeiten die wirklich? lernen die was?» ... Und als ich schließlich am Ende des Workshops die Abschlussfrage stellte: «Wie bekommt man denn nun Lust am Lernen?» kamen folgende Antworten:

Wenn (man)

- *sich gegenseitig motiviert*
- *lernen mit Spaß verbindet*
- *verschiedene Lernmethoden kennt*
- *alle mitmachen*
- *Abwechslung hat*
- *voran kommt und Erfolgserlebnisse hat*
- *Verbindung zu interessanten Themen herstellt*
- *es einfach tut und ausprobiert*
- *Fehler machen darf*
- *Spaß hat*
- *raus darf u.v.m.*

Ist das so etwas Besonderes? Einer der Schüler nannte mich am Schluss einen «Stein des Anstoßes» und meinte das im doppelten Sinne. Auch ich möchte Sie ermuntern, Steine im Sinne von schwer haftenden Gewohnheiten anzustoßen, auch wenn Sie dadurch für den einen oder anderen zu einem Stein des Anstoßes werden könnten!

DIE VORLESUNG

Coachinggespräch im Rahmen einer inner game Weiterbildung für Lehrer, Dozenten und Trainer.

Dozent (D): Ich halte seit Jahren eine Vorlesung, die gut ankommt, aber mich zunehmend auch langweilt. Darin geht es im Wesentlichen um die Vermittlung von Fachwissen und ich kann mir eigentlich nicht vorstellen, dass man da mit inner game etwas machen könnte.
Coach (C): Stimmt!
Do: Dachte ich mir, mit Fachwissen geht das nicht.
C: Das hat nichts mit dem Fachwissen zu tun, sondern mit der Form der Darbietung, besser
gesagt dem Namen. Wenn es eine Vorlesung ist, lesen Sie eben vor und das machen Sie ja offenbar gut.
Do: Ja, aber das ist doch nur ein gewohnter Begriff.
C: Und genauso gewohnt ist eben auch die Form: Einer redet und der Rest schweigt. Wenn Sie sich grundsätzlich davon befreien können, lässt sich das auch mit inner game durchführen.
Do: Das kann ich mir nicht vorstellen.
C: Wollen Sie es denn?
Do: Ich kann doch nicht mit den Studenten jonglieren oder irgendwelche Spiele machen. Dazu sind es viel zu viele und außerdem ist es viel zu eng.
C: Außerdem fänden die das lächerlich und würden sowieso nicht mitmachen!
Do: Das sehe ich auch so und blamieren möchte ich mich nun wirklich nicht, ich vermittle schließlich ein ernsthaftes Thema.
C: Dann lesen Sie doch lieber weiter vor!
Do: Aber Sie sagten doch, dass es mit inner game geht!
C: Ja, und zwar ganz einfach.
Do: Jetzt machen Sie es doch nicht so spannend, ich bin ja ernsthaft interessiert, etwas zu verändern.

C: Dann lösen Sie sich jetzt von allem, was Sie bisher gemacht haben und genauso von dem, was Sie meinen, was inner game ist. Die erste Grundsatzfrage, die Sie sich zunächst stellen sollten, ist, was eigentlich das Wesentliche an Ihrem Thema ist. Wofür steht es? Was ist anders dadurch, dass es dieses gibt. Hier können Sie gedanklich bis zum Ursprung des Themas zurückgehen, wo es eigentlich entstanden ist. Ein guter Weggefährte dabei kann Ihre eigene Begeisterung für das Thema sein, sozusagen der Geist, der für Sie im Thema steckt.
Do: Das hört sich interessant an, bisher habe ich mich nur gefragt, wie ich den Stoff vermittle.
C: Die zweite Grundsatzfrage betrifft Ihre Studenten und deren Motivation in Bezug auf das Thema. Warum sind sie da? Was haben Sie mit dem Thema zu tun? Welchen Nutzen haben Sie, wenn Sie das Thema beherrschen?
Do: Die kommen, weil sie einen Schein brauchen.
C: Erstens glaube ich das nicht einfach so und wenn, halte ich es eher für eine Gewohnheit. Zweitens würde ich das als Lehrer so nicht akzeptieren. Keine Antwort ohne Frage, ich gebe doch nicht einfach mein Wissen so her, ohne dass wirkliches Interesse daran besteht.
Do: So ist es aber üblich.
C: Ja, und genau das gilt es zu ändern. Und der erste Schritt ist, bei den Beteiligten eine Betroffenheit dem Thema gegenüber zu erzeugen. Es muss sie betreffen, etwas mit ihnen zu tun haben. Das ist natürlich schwer, wenn Sie nur vorlesen und die zuhören oder auch nicht.

Dieses Gespräch ging noch eine ganze Weile weiter, mit Für und Wider und Wenn und Aber. Schließlich kam heraus, was sich am Besten durch die Einstiegsrede des Dozenten bei seiner nächsten Vorlesung beschreiben lässt:

Liebe Anwesende,

Sie wissen, dass ich diese Vorlesung seit mehreren Jahren halte und Sie können sich sicher auch vorstellen, dass mich mein Thema sehr interessiert. Was mich aber jetzt mehr interessiert, ist, ob Sie es eigentlich interessiert bzw. was Sie brauchen, damit es Sie interessiert. Ich habe mich nämlich entschieden, den Begriff «Vorlesung» zu ersetzen durch «Begeisterungsinseln». Unser Thema ist eine Insel, wie Sie ja noch mehrere andere ansteuern, die Erforschung dieser Insel basiert auf Ihrer Begeisterung dafür. Sollten Sie keinen triftigen Grund finden, die Insel zu betreten, rate ich Ihnen weiterzusegeln. Setzen Sie sich daher jetzt einmal zu viert zusammen und fragen Sie sich, was unser Thema mit Ihrem aktuellen oder zukünftigen Leben zu tun haben könnte und als zweite Frage, warum es dieses Thema Ihrer Meinung nach überhaupt gibt. Nachher tauschen wir uns darüber aus.

Verblüfft über diese Eröffnung fanden sich die Studenten in kleinen Gruppen und mit der Lautstärke stieg der Energiepegel im Raum. Der anschließende Austausch war entsprechend interessant und brachte eine Fülle von Aspekten rund um das Leben der Studenten in Bezug auf dieses spezielle Thema. Interessiert hörten Sie auch den Ausführungen des Dozenten über den Ursprung des Themas zu. Daran anschließend ließen sie sich gerne auf die nächste ungewöhnliche Übung ein.

Nachdem Sie einerseits schon einiges erfahren haben und – was mir noch wichtiger ist – mich durchaus überzeugt haben, dass Sie Interesse haben, diese Insel zu erforschen, möchte ich Sie unterstützen, dass Sie das mit zunehmender Begeisterung tun. Nebenbei bemerkt, ist es so, dass bei jeder Neubegehung auch wieder Neues entdeckt wird. Es geht also nicht darum, vorhandenes Wissen einfach aufzunehmen, sondern es sich bei Bedarf zunutze zu machen, um das Wesentliche dieses Stoffes, dieser Insel zu finden. Daher machen Sie sich jetzt gleich auf den Weg – am besten zu dritt und mit zwei Partnern, die Sie noch gar nicht kennen. Sie haben 30 Minuten und den Park draußen. Gehen Sie mit der Frage, was Menschen an diesem Thema besonders begeistern könnte, so begeistern, dass Sie wie ich so etwas sogar zu Ihrem beruflichen Mittelpunkt machen können.

Da es zudem sehr schönes Wetter war, fand auch dieser Vorschlag großen Anklang und bald sah man viele Dreier-Grüppchen in belebten Gesprächen durch den Unipark wandeln. Ein schönes Bild, das sich vielleicht gar nicht so sehr von den Wandelgängen der alten Griechen unterschied. Wieder zurück, sammelte der Dozent all die Punkte und war begeistert, wovon man bei diesem Thema alles begeistert sein konnte, war doch mehr dabei, als er selbst kannte. Und auf die Frage, wer denn auf diese oder ähnliche Weise bei den nächsten Begeisterungsinseln dabei sein wolle, sah er sich einer weit größeren Zahl gegenüber, als er für möglich gehalten hätte. Seine letzte Aussage war:

Ich möchte Sie bitten, bis zum nächsten Mal nichts zu tun. Ja, Sie haben richtig gehört, nichts! Was allerdings sein kann, ist, dass Ihnen Dinge begegnen, die mit unserem Thema zu tun haben. Dinge, die bisher auch da waren, jetzt aber plötzlich in einem anderen Licht auftauchen. So etwas können Sie gerne mitbringen, ach ja, und natürlich Fragen. Alle Fragen, die Ihnen begegnen – Sie können Ihnen noch so unmöglich erscheinen – unbedingt sammeln und mitbringen. Denn Sie wissen ja, dass seit der Abschaffung der Vorlesung gilt: «Keine Antwort ohne Frage.» Wenn Ihnen keine Fragen begegnen sollten, ist das auch Okay, aber dann warten wir gemeinsam, bis irgendetwas vorbeikommt, was unser Interesse aufs Neue weckt.

NEUE SCHÜLER BRAUCHT DAS LAND

Kürzlich erhielt ich folgende Mail: «Ich habe Bogenschießen gelernt, das war von der Technik nicht so ganz in Ihrem Sinne, glaube ich, aber ich wollte den Trainer nicht vor den Kopf stoßen und so habe ich seine Anweisungen angenommen!»

Nicht selbst nachdenken, sondern den Anweisungen des Lehrers folgen! So oder so ähnlich lautet das Motto, das die meisten Schüler stillschweigend akzeptieren. Sie sind so gesehen mehr Objekt als Subjekt. Ohne das Selbstverständnis, dass die Schüler es sind, um die es geht, und dass sie deshalb auch ein Recht darauf haben, ihr Lernen mitzugestalten, gibt es keine Veränderung.

Auch der Schüler kommt damit in eine neue und für ihn ungewohnte Rolle. Vor allem am Anfang ist das nicht einfach, da er zum einen gewohnt ist, dass ihm gesagt wird, was er zu tun hat. Zum anderen fehlt auch noch das Vertrauen in die eigenen Fähigkeiten und die Begeisterung dafür, den Dingen selbst auf den Grund zu gehen.

Ich möchte das an einem kleinen Beispiel verdeutlichen. In einem meiner Seminare bestand zu Beginn des Tages – sozusagen als bewegende Einstimmung – die Aufgabe darin, dass sich jeder eines der herumliegenden Instrumente nimmt, hauptsächlich Percussionsinstrumente, und dann damit spielt und sich gleichzeitig im Raum bewegt. Das lief folgendermaßen ab: Manch einer griff zielsicher nach einem Instrument, andere probierten verschiedene aus, bis sich schließlich jeder für ein Instrument entschieden hatte. Munter und vergnügt liefen alle durch den Raum und versuchten sich an ihren Instrumenten. Die Stimmung war gut, es bildeten sich da und dort kurzfristig kleine Grüppchen und teilweise hörte es sich auch ganz nett an. Nach einiger Zeit, als die erste Faszination am Instrument und der Situation etwas nachließ, wandte sich schon der eine oder andere Blick zu mir, was jetzt wohl komme. Aber ich reagierte nicht darauf. Jetzt versuchten einzelne, zu einem Zusammenspiel zu kommen, was auch funktionierte, da es aber mehrere Gruppen gleichzeitig taten, störten sie sich gegenseitig. Und so brach alles wieder auseinander und die Stimmung wurde zunehmend schlechter. Jeder zog sich auf sich zurück und es gab kein Weiterkommen. Lustlos und mit sich selbst beschäftigt, marschierten alle durch den Raum. Die Spannung war spürbar und entlud sich in Geräuschen, die ein Außenstehender als «schrecklich» bezeichnet hätte. Drinnen war es noch schrecklicher! Plötzlich kam in einer Ecke Bewegung auf, zwei hatten sich gefunden und einen Dialog mit ihren Instrumenten begonnen. Hellwach und vollkommen präsent, warfen Sie sich die Töne zu, die zusammen einen eindeutigen Rhythmus bildeten. Das fiel auf und steckte die anderen an. Einer nach dem anderen schloss sich an und nach wenigen Minuten war ein wunderbares Konzert im Gange, der Rhythmus jedes Einzelnen pulsierte durch sein Instrument und verband sich mit dem gesamten Rhythmus – Vielfalt und Einklang in einem. Jeder spielte sich selbst und war dennoch Teil des Ganzen. Alle waren hoch konzentriert und keiner strengte sich dabei an. So spielten sie eine ganze Weile und ohne ein sichtbares äußeres Zeichen fanden sie plötzlich einen Schlusspunkt, wie er in professionellen Kompositionen nicht besser hätte sein können.

Was war da passiert und was hat das mit der Rolle des Lernenden zu tun? Zunächst bewegte sich alles ganz gut; allerdings auf einem niedrigen «Wissensniveau». Jeder lernte auf seine Weise und es gab sporadische Ausschläge nach oben. Als diese Lernphase sich erschöpft hatte und eine Tendenz in Richtung Gemeinsamkeit entstand, begann das Ganze zu stocken, langweilig zu werden. Die Teilnehmer sahen sich einer Art Mauer gegenüber. Sie schien unüberwindbar, alles drehte sich im Kreis und der Ruf nach einem «Wissenden» (Lehrer) wurde laut. Als dieser Wunsch nicht erhört wurde, verschärfte sich die Krisensituation. Das führte nicht nur dazu, dass jeder wieder stark auf sich selbst zurückgeworfen wurde und damit Verantwortung übernahm – jeder hätte auch einfach aufhören können –, es führte auch dazu, dass die Energie stetig wuchs. Negativ formuliert könnte man es Druck nennen, ein Druck, der nach einer Lösung sucht, die sich plötzlich auftat. Was dann geschah, war ein Sprung die ganze Mauer hinauf auf die nächste Ebene. Entscheidend für die Teilnehmer und auch für alle weiteren Prozesse, wo solche Mauern auftauchten, war, dass sie es alleine geschafft hatten. Überrascht waren viele auch von der Größe des Sprunges. Denn das Ergebnis war für alle ungeheuer beeindruckend, lag es doch deutlich über den individuellen Möglichkeiten. Das konnte nur geschehen, weil im entscheidenden

Augenblick niemand geholfen, besser gesagt, eingegriffen und gestört hatte und somit die Energie und die vorhandenen Potenziale ihren eigenen, überraschenden Weg finden konnten.

Wäre eingegriffen worden, wie sich das manche in diesem Augenblick vor der Mauer sicher gewünscht hätten, wäre Folgendes passiert: Die Energie wäre weg bzw. zu mir hin geflossen, alle hätten dankbar ihre Verantwortung abgegeben und sich von der unangenehmen Mauer abgewendet. Als «guter» Lehrer hätte ich das Ganze Schritt für Schritt beigebracht, beginnend mit einem Grundrhythmus, dann mit ersten einfachen Variationen, eventuell einer kleinen Melodie. Und dann wäre geübt und nochmals geübt worden. Da alles natürlich sehr einfach und gleichzeitig homogen sein musste, wäre jegliche Individualität dabei verloren gegangen, ganz zu schweigen vom Spaß. Und alle wären halbwegs zufrieden, aber bestätigt in der Meinung, dass das doch ganz schön schwer ist, aus dieser Übung hinausgegangen.
In unserem Fall dagegen war es für jeden ein Schlüsselerlebnis, das klar machte, welche Möglichkeiten entstehen, wenn man bei sich selbst beginnt, scheinbare Momente der Aussichtslosigkeit aushält und auf die eigenen Potenziale vertraut. Natürlich ist auch diese Gruppe nicht in der Lage, ihr Konzert beliebig zu wiederholen, natürlich braucht es Übung. Aber sie waren erfolgreich, haben eine Vorstellung der Meisterschaft bekommen, den Spaß und die Begeisterung erlebt und das einfach so, gewissermaßen aus dem Nichts. Eine solche Erfahrung steigert nicht nur die Lust auf eine Wiederholung, es wächst vor allem auch das Selbstvertrauen, in vergleichbaren Situationen bestehen zu können.

In dieses Selbstverständnis hineinzuwachsen, ist Aufgabe und Herausforderung für den Schüler. Nicht abwarten und nach dem Lehrer schielen, sondern bei sich bleiben und sich ständig fragen, was will ich, wer bin ich in diesem Zusammenhang, wie kann ich gestalten, verändern, welche Verantwortung übernehme oder habe ich ... Nur das führt weiter!

Das Ziel ist eine realistische «Ich-Kann-Grundhaltung». Alles Nötige ist vorhanden und jetzt gilt es, es zu entfalten. Mit «realistisch» ist gemeint, dass es z.B. wenig Sinn macht, mit 40 Jahren noch Olympiasieger im Abfahrtslauf werden zu wollen – oder vielleicht doch? Diese «Ich-kann-Grundhaltung» hat nichts mit dem eigentlichen Können zu tun. So können Sie als absoluter Anfänger bereits diese Grundhaltung haben. Sie wissen einfach, dass Sie es lernen werden und dass dabei zwangsläufig auftretende Hindernisse dazugehören und gemeistert werden.

Da ich diese Grundhaltung nicht nur in meiner Arbeit vertrete, sondern auch weitgehend bei meinen Kindern, hat das dazu geführt, dass ich, der so gerne lehrt bzw. dabei unterstützt, Probleme leicht zu lösen, Kinder habe, die mich diesbezüglich gar nicht fordern. Im Gegenteil, sie wollen alles selbständig herausfinden und lernen, sei es Fahrrad fahren, Ski fahren, Lesen usw. Ich kann nichts weiter tun, als wachsam sein und aufpassen, wann die Zeit reif ist, um dann für den entsprechenden Spielraum zu sorgen. Gerade bei Kindern ist der Zeitfaktor von großer Bedeutung. Wann sie etwas beginnen, kann von Kind zu Kind um Jahre auseinander liegen. So ist jedes Kind zu einem bestimmten Zeitpunkt seiner Entwicklung in der Lage, das Gleichgewicht zu halten und Fahrrad zu fahren. Wann das ist, kann jedoch sehr unterschiedlich sein und kein Stützrad beschleunigt diesen Prozess.

Für mich ist es ein Wunder, ein Glück und eine Bestätigung meiner Arbeit gleichzeitig, wenn ich meinen Kindern beim Lernen von Sportarten zuschaue. Sie selbst würden das allerdings gar nicht als Lernen bezeichnen. Als ich mit meiner Tochter Lea das erste Mal Ski laufen war, – sie war fünf Jahre alt – fuhr sie ein paar Meter, schnallte ab und sagte: «Ich kann Ski fahren, wir können jetzt Pommes essen gehen.» Das hatte ich ihr nämlich versprochen. Die ganze Strecke mit dem Auto für fünf Minuten Ski fahren! Das fiel mir nicht leicht, aber das: «Ich kann es», war mir wichtiger als alles andere. Einige Winter später fragte ich Lea, mittlerweile zehn und schon ganz gut im Ski fahren, ob sie denn Lust hätte, so Ski fahren zu können wie ich. Darauf erwiderte sie: «Das kann ich schon», und sie fuhr mich nachahmend so den Hang hinunter, dass ich staunte. Als ich wieder bei ihr stand, sagte sie nur: «Hast du gesehen, ich kann fahren wie du, und jetzt fahre ich wieder so, wie ich will.» Später im Lift sagte sie dann noch: «Weißt du Papa, ich kann deshalb so gut Ski fahren, weil ich es von dir geerbt habe!» Sie können sich mich als stolzen Vater sicher vorstellen. Entscheidend für mich ist aber die unglaubliche Geschwindigkeit, bei der mit dieser Einstellung gelernt wird. Ich möchte hier nicht über die Maßen schwärmen, aber sie zieht sich konstant durch. Mein Sohn Helge (acht Jahre) machte ähnliche Fortschritte beim Tennis und entwickelte ohne jede Anweisung von mir ein solches Gespür, dass ich schon nach wenigen Stunden versuchte, seine Rückhand nachzumachen, so beherzt war diese im Vergleich zu meiner. Ich lernte von ihm, obwohl ich objektiv betrachtet viel besser spielte.

DIE SCHULE IST TOT, ES LEBE DIE SCHULE

Nachdem die Klage vor dem Bundesverfassungsgericht erfolgreich war, war das heute nicht nur der letzte Tag vor den großen Ferien. Es sollte der letzte Tag überhaupt sein. Die Schulen wurden geschlossen, weil anerkannt wurde, dass unter anderem die Artikel 2: «Jeder hat das Recht auf die freie Entfaltung seiner Persönlichkeit ...» und Artikel 5: «Jeder hat das Recht, seine Meinung in Wort, Schrift und Bild frei zu äußern und zu verbreiten ...» in den Schulen nicht als gegeben angesehen wurde.

Es half nichts, nur noch ein endgültiges STOP, Aus, Ende. Und wenn es auch viele herbeigesehnt hatten, so hatten doch die meisten ein mulmiges Gefühl bei der Vorstellung, dass es dieses beliebte Übel nun gar nicht mehr geben würde. Worüber sollte man reden, wen ärgern, woran sich reiben, welches Feindbild statt der Lehrer bekämpfen? Wo könnte man stattdessen hingehen? Manche fragten sich natürlich auch, wie sie denn jetzt etwas lernen sollten, wenn es niemanden mehr gäbe, der es ihnen beibringt. So gingen Schüler wie Lehrer sehr viel nachdenklicher als sonst in die Sommerferien, die sich ja jetzt über viele Sommer und sogar Winter erstrecken sollten.

Aber schon vor dem Ende der früheren Ferienzeit sah man immer mal wieder jemanden um das Schulhaus herum streichen. Bald schon wurden es immer mehr, die sich dort trafen, als würden sie von etwas angezogen. Es waren ehemalige Schüler und vereinzelt auch mal ein Lehrer. Etwas peinlich ob der Freiwilligkeit, mit der man sich grundlos an diesem Ort einfand, kam man miteinander ins Gespräch. Zunächst war es ein sich gegenseitig Beglückwünschen wegen der schönen Zeiten, die auf einen zukamen. Auch erzählte man sich so manche Anekdote und Geschichte, erleichtert, dass man diesen Leidensweg hinter sich hatte. Aber als auch all das Vergangene langsam langweilig wurde und neue Geschichten fehlten, kamen immer noch Schüler und Lehrer in die Schule, besser gesagt an die Schule. Mit der Sprachlosigkeit wuchs die Spannung, die sich in einer heftigen Diskussion entlud, als eines Morgens ein großes Transparent an der Schule hing, worauf zu lesen stand: «Die Schule ist tot, es lebe die Schule!»

Wer hatte das geschrieben? Keiner gab sich zu erkennen, aber nach einigem Hin und Her gestanden sich viele ein, dass es genau das war, was sie beschäftigte und immer wieder hierher führte. Und warum nicht mal drüber nachdenken, was man mit einer Schule so alles anstellen könnte. Schließlich organisierte einer einen Schlüssel für die Schule und beim Anblick der großen Halle entstand die Idee für eine Konferenz, wie sie es noch nie gegeben hatte. Der Titel: «Die Schule ist tot, es lebe die Schule!»

Alle waren mit Begeisterung dabei. Die Räume der Schule waren für eine große Konferenz wie geschaffen. Sie mussten nur wenig umgestaltet und von einigen Tischen befreit werden. Es kam Farbe ins Spiel, Geraden wurden gebrochen, Ecken gerundet. Manche forschten nach Wasseradern, andere experimentierten mit Feng Shui. Natürlich gab es auch Auseinandersetzungen über das eine oder andere. Aber zum einen gab es ja sehr viele Räume, die unterschiedlich gestaltet werden konnten. Zum anderen erregte diese Aktion auch die Aufmerksamkeit mancher Unternehmen, denn genau solche Schüler wollten sie eigentlich immer haben. Noch nie zuvor war soviel Leben und Bewegung in dieser Schule gewesen. Und als der Termin der großen Konferenz näher kam, war nicht nur alles gut vorbereitet. Die Schule war kaum wiederzuerkennen.

Am Morgen des Tages – das große Banner mit der Aufschrift «Die Schule ist tot, es lebe die Schule» flatterte selbstbewusst im Wind - waren alle sehr aufgeregt. Wer würde kommen, würde überhaupt jemand kommen, was ist, wenn das Ganze in die Hose geht, wie geht es dann weiter, wie geht es überhaupt weiter? Diese und ähnliche Fragen gingen ihnen durch den Kopf. Doch da kamen schon die ersten und es wurden immer mehr. Kinder, Jugendliche, Erwachsene, Lehrer und, wie sollte es anders sein, auch die Presse und manch örtlicher «Würdenträger». Alle wurden hereingelassen. Voraussetzung war jedoch das Abgeben von Handys, Fotoapparaten und vorgefertigten Reden. So wurden es immer mehr und mehr und die Aula füllte sich bis auf den letzten Platz.

Einer der Schüler eröffnete die Konferenz. «Unser Motto kennt ihr alle und ich finde es toll, dass so viele gekommen sind. Wir haben zwei Tage angesetzt, um miteinander daran zu arbeiten, zu forschen, uns zu damit zu bewegen und sicherlich auch viel Spaß dabei zu haben. Dafür sorgt schon alleine die Form, die sich «open space» nennt und außerdem werden alle jonglieren lernen. Bei dieser Form gibt es keine Hierarchien, keine Spezialisten, keine Referenten und schon gar keine Vorträge. Sondern es geht in jedem Moment um das, was interessiert. Diese Form wird auch verlängerte Kaffeepause genannt, da der Erfinder beobachtet hat, dass bei Konferenzen die Hauptenergie in den Kaffeepausen ist. Also lässt man einfach alles weg und macht nur noch eine Kaffeepause, dafür eine lange. Zuerst sammeln wir jetzt Themen, dann machen sich interessierte Gruppen mit diesen auf den Weg und dazwischen treffen wir uns immer wieder hier.

Nach anfänglichem Zögern kam ein Thema nach dem anderen: «Ist die Schule wirklich tot?», «Wann macht Lernen Spaß?», «Wie kann man motivieren?», «Wie kann man im Sinne des Grundgesetzes Lehren und Lernen?», «Neue Rollen für Lehrer und Schüler.» Aber es gab auch ganz andere Themen wie «Jonglieren als Beruf», «Älter werden und Kalk» oder gar «Was soll der ganze Quatsch hier?»

Nach zwei Tagen des gemeinsamen Forschens, des sich Bewegens, des miteinander Spielens und Lachens war für alle eindeutig klar: Das war nicht das Ende, sondern der Anfang.

Folgendes wurde beschlossen:

- *Die Räume werden weitergenutzt als Spielräume, Handlungsräume, Denkräume, Freiräume, Arbeitsräume, Räume zum Spielen, zum Lernen, zum Erforschen und Entdecken.*
- *Jährlich einmal wird diese Konferenz erneut festlegen, wie es für das nächste Jahr aussieht. Es ist alles möglich - gute Erfahrungen weiterführen oder auch alles komplett neu gestalten.*
- *Dabei findet auch die jährliche Lehrerwahl statt. Dabei wird nicht nur gewählt, wer Lehrer wird, sondern auch, was er unterrichtet. Aufgrund der Erfahrung, dass Lehrer oft darin am besten sind, was sie nicht können, spielt das fachliche Wissen keine so große Rolle. Wissen gibt es schließlich heute überall.*
- *Es gibt keine Fächer mehr, auch die Klassengesellschaft ist abgeschafft. Ein Drittel der Zeit ist für wichtige Themen, für die sich jeder einschreiben kann, reserviert. Das sind z.B. «Entdeckung der Leichtigkeit», «Möglichkeiten, Uninteressantes, aber Wichtiges für mich spannend zu machen», «Umgang mit vermeintlichen Schwächen», «Lust am Scheitern» , «Was ist für mich wesentlich?»*
  Ein Drittel der Zeit wird mit körperlichen Aktivitäten verbracht. Dazu gehört alles, was Spaß macht und möglich ist, vor allem Jonglieren, Bogenschießen, aber auch Yoga, Tai Chi, Aikido, Schwertkampf bis hin zu New Games zum Abbau von Aggressionen.
  Ein Drittel schließlich gehört der Muse, dazu gehören Musik, Kunst, Zeichnen, aber auch philosophische Betrachtungen und Lebensfragen.

- *Lernen beim Gehen und Wandern ist fester Bestandteil der Begegnungen.*
- *Jeder bekommt den Raum, der für ihn passt.*
  Jüngere Kinder bekommen einen geschützteren Raum als ältere.
- *Wir führen miteinander Zielvereinbarungsgespräche.*
  Eine Idee, die uns von einem Unternehmen nahe gebracht wurde.
- *Wir machen lernen wieder zu dem, was es ist, zu einem der schönsten, aufregendsten und befriedigendsten Bestandteile unseres Lebens.*

Als diese Liste am Ende der Konferenz verlesen wurde, hatten viele junge und alte Teilnehmer Freudentränen in den Augen. Und selbst Berufstätige hätten sich am liebsten in die ausliegenden Listen für ein Jahr eingetragen. Und auch die vielen anwesenden Lehrer waren nicht nur vom Ergebnis überrascht, sondern vor allem auch von der Energie und Entschlossenheit der Schüler.

Die Schule ist tot, es lebe die Schule!

8 SPIELE STATT SPIELCHEN – INNER GAME IN DER WIRTSCHAFT

«Wenn man nicht aufpasst, wird das große Geschäft zum Durchfall!»
Inner game Weisheit

Pünktlich bog ich in die Straße ein, in der das Unternehmen ansässig war, wo ich mich heute bewerben wollte. Ich war etwas aufgeregt und freute mich gleichzeitig, war doch das vorangegangene Telefongespräch schon sehr einladend gewesen. «Ich solle auf steife Formen und übertriebenes Äußeres verzichten und vor allem mich mitbringen», hieß es. Beworben hatte ich mich auf die ungewöhnliche Anzeige mit der Überschrift «Wer jonglieren muss, sollte jonglieren können», weil ich an meinem jetzigen Arbeitsplatz am Limit angekommen war und ich in der Tat trotz allen Einsatzes immer weniger in der Lage war, mit all den unterschiedlichen Anforderungen zu jonglieren. Die ersten Bälle fielen bereits herunter, das Private hatte keinerlei Platz mehr und mein Körper meldete sich auch. Das wollte und konnte ich nicht mehr länger mitmachen.
So ging ich schließlich sehr gespannt auf das Firmengebäude zu und trat ein. Ich befand mich in einer großen Eingangshalle mit einer außergewöhnlichen Atmosphäre. Bunt und lebendig ging es hier zu. Überall waren Menschen alleine oder in Grüppchen, an Tischen stehend oder sitzend. Manche saßen auf Stühlen, andere auf Bällen. Ja, Bälle schienen hier eine besondere Rolle zu spielen. Überall lagen sie herum, in allen Varianten, Farben und Größen. Manche der Leute hatten einfach nur einen in der Hand und kneteten damit, andere warfen sich Bälle zu und auffällig viele jonglierten mit den Bällen. War ich hier in einem Zirkus gelandet oder handelte es sich hier um einen Hersteller von Kinderspielzeug?
Ich wollte schon wieder gehen, als eine Dame auf mich zutrat und mich mit meinem Namen ansprach. Sie geleitete ihn zu einem freien Tisch und sagte: «Schön, dass Sie gekommen sind. Womit wollen Sie unserem Unternehmen nutzen und was können wir für Sie tun?» Als sie meinen überraschten Ausdruck sah, lächelte sie und sagte:

«Ach, ich vergesse immer wieder, wie das hier auf Außenstehende wirkt. Für uns ist das selbstverständlich, dass wir keine Jobs vergeben, sondern jeder seinen Platz selbst definiert. Und dass das sehr gut funktioniert, werden Sie noch sehen. Aber vorab erzähle ich Ihnen kurz die Geschichte unseres Unternehmens.

Vor einigen Jahren steckten wir mal wieder in einer ziemlich schwierigen Situation, hoher Kostendruck, harter Wettbewerb, und immer wieder verließen uns sehr gute Mitarbeiter. Wir mussten mit so vielen Faktoren jonglieren und bekamen es einfach nicht mehr in den Griff. Da sagte einer von uns bei einem der damals so häufigen Meetings: «Wie wollen wir mit den Dingen jonglieren, wenn wir es gar nicht können! Lasst es uns doch richtig lernen!» Wir verstehen uns als lernende Organisation und ließen auch solche verrückten Ideen zu. Viel zu verlieren hatten wir ohnehin nicht. Und so begannen wir zu jonglieren und nach und nach kamen immer mehr Bälle zuerst ins Spiel, dann ins Rollen und schließlich ist unser Unternehmen rundum rund geworden. Aber nicht dass Sie meinen, wir spielen hier einfach nur so, weil es Spaß macht, es hat in allererster Linie unsere Denk- und Verhaltensgewohnheiten verändert. Wir bemerkten, wo wir unflexibel geworden waren und ersetzten in unseren Besprechungsräumen die festeingebauten Tische durch flexible Schreibpulte. Dadurch fühlten wir uns freier und beweglicher. Papier wurde weniger, dafür Wesentliches mehr. Wir kamen schneller auf den Punkt und wurden zu einem jonglierenden Unternehmen. Von diesem Moment an waren wir tatsächlich auch in der Arbeit mehr in der Lage zu bestimmen, wo es langgeht, statt nur auf die äußeren Umstände zu reagieren.

Natürlich hatte es sich mittlerweile herumgesprochen, dass wir da merkwürdige Dinge trieben. Gleichzeitig hörten wir aber immer öfter, dass wir so entspannt und flexibel wären, und das in der heutigen Zeit. Immer öfter wurden wir nach unserem Erfolgsrezept gefragt, und so entstand schließlich ein völlig neuer Unternehmensbereich, der ständig wächst. Wir machten aus unseren Erfahrungen ein Konzept, um unsere Vorgehensweise verständlich und nachvollziehbar zu machen. Dieses Konzept heißt «Das jonglierende Unternehmen» und ist aus unserer Sicht eine besonders bewegende Form einer «lernenden Organisation». Denn LERNEN ist immer auf dem Weg zu einem Ziel, nicht fertig, sondern sich in Frage stellend und sich verändernd. WISSEN ist dagegen das Erreichen des Zieles, es muss nichts mehr dazulernen, bleibt stehen oder steht still, ist fertig, zweifelt eben nicht, verändert sich nicht, ist so und bleibt so. LEBEN ist aber beides zugleich, Sein und Werden, Stehen und Gehen, Wissen und Lernen, Fortschreiten zu Neuem und Festhalten an Bewährtem. Leben ist eben SPIELEN. Und das jonglierende Unternehmen braucht das balancierte Spiel zwischen Rahmen und Bewegung, zwischen Innovation und

Tradition. Und das vergessen viele, die entweder alles bewahren wollen oder, das andere Extrem, ständig alles erneuern wollen.
Aber was erzähle ich Ihnen da. Schauen Sie sich einfach um. Wie Sie sehen, ist bei uns nicht nur das Jonglieren verbreitet, sondern auch viele andere bewegende Dinge, wir nennen Sie auch «bewegende Arbeitsmittel», denn sie sind heute ein selbstverständlicher Bestandteil unseres Arbeitens. Unvorstellbar, dass jemand von uns den ganzen Tag am Schreibtisch sitzt. Oben auf dem Dach finden Sie unseren Dachgarten für kreative Geistesblitze oder zum Durchatmen, draußen im Garten gibt es einen Sinnesparcour zum Entspannen und eine Bogenschießanlage, um sich in der eigenen Treffsicherheit zu verbessern. Sehr beliebt sind aber auch Dinge wie Kickern oder Tischtennis. Aber schauen Sie sich doch einfach selbst um. Unser zentrales Anliegen beim Bau dieses Hauses war «Individualität im grenzenlosen Raum»! Und Sie merken ja, dass ich immer noch ganz begeistert bin, und so geht es allen unseren Mitarbeitern. Allein diese Art des Umgangs miteinander und mit sich selbst bringt so viele Ideen zutage, dass wir sie gar nicht alle umsetzen können und heute schon allein vom Verkauf unserer Ideen sehr gut leben könnten. Es ließ sich nicht vermeiden, dass wir heute in unserem Segment Marktführer sind, sich gleichzeitig aber auch immer neue Aufgabengebiete ergeben.
So, jetzt wissen Sie in groben Zügen, warum es hier so aussieht, und dass hier im Moment intensiv gearbeitet wird. Wollen Sie mir jetzt verraten, was Sie hier gerne täten?»
Ich hatte schon längst innerlich gekündigt, nämlich bei meinem alten Unternehmen und meine Erklärung, was ich hier machen wolle, war so begeistert, wie ich mich selbst schon lange nicht mehr erlebt hatte ...

Die Erfahrung aus vielen Seminaren zeigt, dass auch erwachsene Menschen im und durch das Spiel wesentlich schneller lernen können und mit mehr Spaß und Energie und damit erfolgreicher an Herausforderungen herangehen. Und dennoch taucht aufgrund langjähriger Konditionierungen immer wieder das Gefühl auf, es sich nicht erlauben zu dürfen. «Arbeit darf doch keinen Spaß machen», «Es kann doch nicht angehen, dass man etwas so leicht erreicht!», «Spielen ist doch albern und gehört in die Freizeit» und andere Gedanken behindern immer wieder. Vor allem zwei Tatsachen helfen, diese «ernsten» Hürden im Kopf zu überwinden:

1. Trotz der Zeit, die das Spiel benötigt, werden Ergebnisse schneller erreicht.
2. Man ist nicht erschöpft, sondern belebt.

Gerade im ernsten Lern- oder Arbeitsprozess fällt es trotz der offensichtlichen Erfolge nicht leicht, sich diese Spielräume zu erlauben. Arbeit oder Lernen muss schließlich ernst, Erfolg anstrengend sein.

ERST DIE ARBEIT, DANN DAS VERGNÜGEN

«Die gesamten Motivationsbemühungen der letzten Jahrzehnte in den Unternehmen sind nicht anders zu verstehen als der Versuch, Arbeit und Spiel wieder zusammenzubringen.»
Dr. Harald Schneider

«Erst die Arbeit, dann das Vergnügen», beschreibt eine der größten Grenzen, die einem in der Berufswelt begegnen. Denn auch wenn alle über Druck und sonstige Schwierigkeiten klagen, gilt dieses ungeschriebene Gesetz aus meiner Beobachtung nach wie vor uneingeschränkt. Arbeit ist einfach nicht mit Vergnügen verknüpft, Lernen meistens auch nicht. Dazu hatte man zu viele Erlebnisse, die das bestätigen. Es gilt daher, Möglichkeiten zu schaffen, die Spaß an der Arbeit ermöglichen oder gar fordern. Und zwar aus der Einsicht heraus, dass ein von seiner Arbeit begeisterter Mensch dem Unternehmen mehr nutzt als ein gestresster, gelangweilter oder innerlich gekündigter Mitarbeiter. So leicht dem vermutlich jeder zustimmen kann, so wichtig zu beachten sind doch die «Nebenwirkungen»:

- Ein Mitarbeiter, der sichtlich entspannt und gut gelaunt seiner Arbeit nachgeht und das länger als einen Tag, erregt Misstrauen. «Was ist mit dem los, dem geht es wohl zu gut, der hat wohl nicht genug zu tun», sind Aussagen, die er aufgrund seines befremdlichen Verhaltens zu hören bekommt.
- Seminarteilnehmer, die nach einer einwöchigen inner game Führungsklausur erholt und entspannt zurückkommen und mit einem sichtbaren Leuchten in den Augen ihren Kollegen begegnen, fallen nicht nur den Kollegen auf: «Habt ihr überhaupt gearbeitet oder nur verrückte Sachen gemacht?» Auch der eine oder andere Ehepartner wird misstrauisch, da man fast erholter von der Seminarwoche kommt als vom gemeinsamen Urlaub.
- Eine Führungskraft, die jonglieren als Kurzzeitregeneration am Arbeitsplatz einführen möchte, wird ermahnt, diese Spielereien doch bitte zu lassen. Gleichzeitig wird über umfangreiche Maßnahmen nachgedacht, wie man den Haltungs- und Rückenproblemen am Arbeitsplatz vorbeugen kann.
- Ein Personalentwickler meint zu dem Vorschlag, den schön angelegten Unternehmenspark für Gespräche zu nutzen, die sich besonders gut beim Gehen führen lassen, das wäre doch unseriös.

- Und am deutlichsten bringt es die folgende Aussage auf den Punkt: «Wenn mein Chef merkt, dass ich Spaß an der Arbeit habe, kommt der bestimmt noch auf die Idee und streicht mir meinen Lohn!»

Bei der Arbeit Spaß zu haben und dabei auch noch «erwischt» zu werden, ist also durchaus nicht ungefährlich. Aber da es ohnehin als so gut wie unmöglich angesehen wird, besteht kaum die Gefahr, dass es dazu kommt. Und alle noch so redlichen Bemühungen Dinge zu verändern, Abläufe zu optimieren, die Kommunikation zu verbessern, mehr Freiräume und Verantwortung zu geben, scheitern letztlich am stabilen inneren Spiel «Erst die Arbeit, dann das Vergnügen».

Was bei der gängigen Einstellung herauskommt, ist daher nicht nur eine eindeutige Einschränkung der Leistungsfähigkeit bei gleichzeitiger Steigerung der Leidensfähigkeit, sondern auch eine Vielzahl von Strategien, um zu vertuschen, dass man nicht wirklich begeistert bei der Arbeit ist und daher zwangsläufig auch nicht so gut ist, wie man eigentlich sein könnte. «IKK», sagte dazu einmal ein Seminarteilnehmer. Dahinter verbirgt sich nicht die Krankenkasse, sondern «Inkompetenz-Kompensierungs-Kompetenz».

«Ein Mensch sucht Arbeit. Er findet keine Arbeit. Da verhungert er! Moral: Wenn du Hunger hast, suche nach Essen!»
Inner game Weisheit

SPIELE STATT SPIELCHEN

Spielen ist eine Tätigkeit, die man gar nicht ernst genug nehmen kann.
Jacques-Yves Cousteau

«Spiele statt Spielchen» ist eine der Antworten, die inner game auf die Frage gibt, ob Veränderungen wirklich möglich sind. Basierend auf der Tatsache, dass jeder erlebt hat und immer wieder erlebt, welches Leistungspotenzial in einem Arbeiten mit Spaß liegt, wie man es von Hobbies, Vereinsarbeit, in Ehrenämtern oder bei der Unterstützung von Freunden und Bekannten erlebt, nutzen wir das Spiel um zu zeigen, welche Höchstleistung im Spiel möglich ist und dass man dazu genauso gut Arbeit sagen kann. Es kommt schließlich eine Leistungssteigerung heraus.

Spielchen sind daher etwas ganz anderes als Spiele. Friedrich Schiller sagte: «Der Mensch spielt nur, wo er in voller Bedeutung des Wortes Mensch ist, und er ist nur da ganz Mensch, wo er spielt.» Spiele sind bei aller Freude, die man daran hat, etwas sehr Lebensnahes, etwas ganz Erfassendes, man ist voll dabei und vergisst oft alles um sich herum. Wenn man sagen müsste: «Jetzt konzentriere dich doch mal», ist das Spiel vorbei. Das Spiel lebt von der Präsenz, vom Fokus auf eine Sache und nicht von der Beliebigkeit und vor allem vom Willen, es zu spielen. Niemals hört man: «Du musst jetzt spielen», außer wenn der Begriff Spiel eigentlich Arbeit meint, das sogenannte Spiel also zum Beruf wurde, wie häufig im Sport zu beobachten ist.

Was aber reichlich gespielt wird im Berufsleben sind die so genannten Spielchen. Das ist zu einer Gewohnheit geworden, die ähnlich negative Auswirkungen hat wie die, dass Arbeit nicht mit Spaß verbunden ist.

Ein Banker meinte dazu einmal: «Es ist traurig, dass es so schwer ist, einfach das auszudrücken, was man wirklich denkt!» und im weiteren Verlauf unseres Gespräches wurde ihm immer deutlicher, wie selbstverständlich Dinge hingenommen werden, die kaum nachzuvollziehen sind, wenn man sie einmal näher betrachtet. «Ist es denn die Möglichkeit, was für Spielchen bei uns gespielt werden», sagte er immer wieder in diesem Gespräch:

- Ist es denn die Möglichkeit, dass erwachsene Menschen sich nicht trauen, das zu sagen, was sie denken?
- Ist es denn die Möglichkeit, dass Mitarbeiter nicht zufrieden sind, aber nichts daran ändern, sondern abwarten, und schließlich das Unternehmen überlegt, wie man sie zufriedener machen könnte?
- Ist es denn die Möglichkeit, dass Mitarbeiter ihr Unternehmen schlecht finden, aber dennoch bleiben und sich von diesem bezahlen lassen?
- Ist es denn die Möglichkeit, dass Menschen ihre Potenziale lieber in ihrer unbezahlten Freizeit ausleben als bei der Arbeit?
- Ist es denn die Möglichkeit, dass Führungskräfte überhaupt keine Kraft haben?
- Ist es denn die Möglichkeit, dass die meisten Menschen ihre Kraft aus Familie, Beziehung und Freundeskreis ziehen, dafür aber kaum Zeit haben?
- Ist es denn die Möglichkeit, dass Unternehmen grenzenloses Wachstum für möglich halten, obwohl es das nicht geben kann?

- Ist es denn die Möglichkeit, dass von Unternehmen vorgegebene Ziele von den Führungskräften fraglos angenommen und nach unten weitergegeben werden?
- Ist es denn die Möglichkeit, dass aus Zeitmangel Entscheidungen oft nicht genügend durchdacht werden, die Folgen aber ein Vielfaches der Zeit benötigen?
- Ist es denn die Möglichkeit, dass die meisten Menschen in unserem reichen Land nicht annähernd ihrer Berufung nachgehen und keinen wirklichen Spaß bei der Arbeit haben?
- Ist es denn die Möglichkeit, dass viele Menschen vor lauter Akquirieren, Generieren und Reagieren völlig vergessen, warum und wofür sie arbeiten?
- Ist es denn die Möglichkeit, dass technische Kommunikationsmittel die Kommunikation immer mehr erschweren?
- Ist es denn die Möglichkeit, dass alle sagen, die Zeit wird immer schneller, dies keiner gut findet, aber auch keiner weiß, wer dafür zuständig ist?
- Ist es denn die Möglichkeit, dass Organisationen mit so vielen Engpässen und vergeudeter Energie dennoch erfolgreich sein können?

«Das gibt es doch gar nicht», war der nachdenkliche Satz des Bankers am Ende unseres Gespräches.
Wir kamen zu dem Ergebnis, dass das und noch vieles mehr nicht nur möglich ist, sondern die Realität. Warum aber ist das so, obwohl es die meisten doch offensichtlich gar nicht wollen?
Alle wissen es, keiner fühlt sich damit wirklich wohl, alle würden es gerne ändern, wenn ... ja wenn es nicht die anderen gäbe, die es ausnützen. Dabei sagen doch die Unternehmensleitlinien hinter Plexiglas nichts anderes als «Wir gehen offen miteinander um», oder «Gegenseitiges Vertrauen ist unsere Basis».

Was aber fehlt, ist, das Offensichtliche auch zu tun, sich als Mensch in Organisationen frei zu fühlen, sich für seine Freiheit einzusetzen und damit schließlich die Voraussetzung zu schaffen, wirklich gute Arbeit abzuliefern, und das auch noch gerne. Stattdessen führen diese kollektive Gelähmtheit und taktische Vorsicht dazu, dass man permanent auf der Hut ist, Angst hat, etwas falsch zu machen, und schließlich sich selbst, seine Arbeits-, aber auch die Lebensfreude immer mehr verliert.
Oft sind Teilnehmer erschüttert, wenn sie durch einfaches Miteinanderreden feststellen, dass es den anderen nicht nur genauso geht wie ihnen, sondern die

Probleme und Ängste oft dieselben sind. «Dann sind die anderen ja doch nicht nur perfekt und erfolgreich!» war die erstaunte Aussage eines Managers, der sich sehr angestrengt hatte, um seine Schwächen nicht zu zeigen. Er glaubte tatsächlich, er sei der einzige, so wie die anderen das umgekehrt auch dachten. Welche Befreiung und Erleichterung, auf diese Spielchen verzichten zu können! «Es ist ja so viel einfacher, wenn ich nicht ständig diese Fassade aufrecht erhalten muss, braucht das doch sehr viel Energie», meinte ein Teilnehmer. Ein anderer sagte: «Für mich war bisher die größte Herausforderung und Anstrengung, stark sein zu müssen und Stärke vorzuspielen.»
So betrachtet, kommt immer wieder die Aussage: «Das geht ja zu wie im Kindergarten!» Im echten Kindergarten geht es allerdings ganz und gar nicht so zu. Kinder würden niemals das Gähnen unterdrückend Vorträgen lauschen und dabei Interesse vortäuschen. Kinder würden niemals bis zur Kaffeepause nach der Besprechung warten, bis sie sagen, was sie denken. Kinder würden (ohne den Zwang der «Erwachsenen») keine Dinge tun, die sie nicht wirklich fesseln und begeistern. Sie spielen (arbeiten), weil es das ist, was sie jetzt wollen. Oder stellen Sie sich eine Gruppe von Kindern vor, bei denen plötzlich einer die Führung übernimmt, aber weder die Kompetenz noch die Ausstrahlung hat. Die anderen würden einfach unberührt weiterspielen, möglicherweise woanders, wenn der Betreffende zu sehr stört. Und wenn einer käme und ihnen sagen würde, was sie zu tun hätten, welche Ziele sie erreichen sollten, wäre ihre nahe liegende Frage «Warum?» Und wenn diese nicht hundertprozentig befriedigend beantwortet würde, würden sie es nicht akzeptieren. So sind Kinder und so ist es im Kindergarten. Und wie ist es im Erwachsenengarten?

DAS JONGLIERENDE UNTERNEHMEN

Das Bild des «jonglierenden Unternehmens» steht für ein Unternehmen, das den Menschen in den Mittelpunkt stellt und davon ausgeht, dass es nicht mehr allein darum gehen kann, Abläufe zu optimieren und Strukturen zu festigen, sondern darum, die Fähigkeit der Menschen zu erhöhen, mit den ständigen Veränderungen umzugehen.

Das jonglierende Unternehmen ist ein lebendiges Unternehmen, das die Bedeutung der körperlichen Bewegung als Erfolgsfaktor für die Bewältigung geistiger Aufgaben erkannt hat. Mit vielen Dingen gleichzeitig umgehen und dabei in der

Lage bleiben, sich für das Wesentliche zu entscheiden, spielen dabei eine ebenso wichtige Rolle wie Flexibilität statt Starrheit, Lebendigkeit statt Routine, Loslassen statt Festhalten.

Abgesehen davon, dass sich das tatsächliche Jonglieren mit Bällen ideal als Kurzzeitregeneration am Arbeitsplatz eignet, ist es eine Metapher, die eine Vielzahl geistiger Prozesse und heutiger Herausforderungen im wahrsten Sinne des Wortes «be-greifbar» macht. Dazu gehören

- Akzeptanz der ständigen Veränderung
- die Kunst des Loslassens
- die Existenz einer Fehlerkultur: Fehler zeigen was fehlt – Bälle «müssen» im Lernprozess herunterfallen dürfen
- Flexibilität und Beweglichkeit
- Neugier und Experimentierfreude

Die größte Herausforderung ist dabei, sich von vielen bisherigen Vorgehensweisen, persönlichen Ansichten und Denkgewohnheiten zu verabschieden. Der Fähigkeit LOSZULASSEN kommt daher eine herausragende Bedeutung zu, denn es geht darum, Altes loszulassen, wenn etwas Neues kommt, sonst ist kein Platz.

So einfach und logisch das auch klingen mag, das Gegenteil ist in den meisten Unternehmen aktuell der Fall. Es herrscht das Prinzip des Festhaltens, was Veränderungen so schwer macht, ja sie regelrecht zu einer Bedrohung werden lässt.

Irgendwann fiel er auf, zunächst seinen Arbeitskollegen, dann seinen Nachbarn und schließlich mir. Dieser Mensch verbrachte jeden Vormittag wie Urlaub. Mal las er in einem Buch, mal schnitzte er an einer Skulptur, am nächsten Morgen hörte man Musik aus seiner Wohnung, dann ging er spazieren. Als er mir an einem schönen Sonntagmorgen im Wald begegnete und mir sein zufriedenes Lächeln entgegenstrahlte, sprach ich ihn an.

Ich: Darf ich Sie mal etwas fragen?
Er: Ja, gerne.
Ich: Was machen Sie eigentlich immer vormittags, müssen Sie nicht arbeiten?
Er: Doch, aber ich arbeite nur nachmittags, nenne das aber TUN und das was ich morgens mache, nenne ich LASSEN.

Ich: Und davon können Sie leben?
Er: Ja, und zwar besser als damals, als ich noch den ganzen Tag TUN praktiziert habe.
Ich: Das klingt ja sehr merkwürdig. Würden Sie mir das kurz erläutern?
Er: Früher arbeitete ich viel, vor allem dafür, dass ich irgendwann Zeit habe zum Entspannen, nichts zu tun, mich zu erholen. Das Ergebnis war: Je mehr ich (dafür) tat, desto weniger Zeit blieb übrig. Und als ich über mein Problem nachdachte, stellte ich fest, dass es nicht logisch ist, wenn ich die ganze Zeit etwas tue, für etwas, was nicht eintritt, weil ich dafür keine Zeit mehr hatte. Und als ich dann das Glück hatte, in einem jonglierenden Unternehmen anzufangen, konnte ich das umsetzen, was mir als Idee schon immer durch den Kopf ging. Ich habe TUN und LASSEN einfach umgedreht und beginne jetzt jeden Tag mit dem LASSEN und beende ihn mit TUN. Jetzt ist das TUN nicht mehr dafür da, dass es ein LASSEN erreichen will und ich bin daher viel entspannter, konzentrierter und ausgeglichener und bekomme daher in der halben Zeit TUN mehr hin als früher in der ganzen Zeit. So einfach ist das. Und was TUN Sie so die ganze Zeit?

MITEINANDER STATT DURCHEINANDER

Es wird überall viel über Teams geredet, über Teamgeist und über die Vorteile, gemeinsam an einer Sache zu arbeiten. Eigentlich zweifelt keiner daran. Auch im Spiel bilden sich Teams, wenn es angebracht ist, und lösen sich wieder auf, wenn ihr Zweck erfüllt ist. Was macht es dann eigentlich zu einem so wichtigen Thema? Die Tatsache, dass Teamarbeit oft nicht funktioniert. Meist sind es auch hier Beziehungsprobleme einzelner Teammitglieder untereinander, die die Arbeit an der Sache behindern. Sehr oft ist es aber auch die Unfähigkeit, bei der Sache zu bleiben, am Ball zu bleiben, sich auf das Thema zu konzentrieren. Bälle (Ideen), die in den Raum geworfen werden, werden aufgegriffen, eventuell verändert und dann weitergegeben. Leicht, spielerisch und flexibel wird ausgetauscht, bewegt, angepackt und jeder fühlt sich verantwortlich für das Ganze. Jeder wird ernst genommen mit seinen Vorschlägen, aber auch in seiner Eigenart als Person. Nicht alle müssen sich gleich mögen, um gut miteinander zu arbeiten.
Genau darin aber liegt ein Knackpunkt bei Teams. Sie verwechseln «Zusammenarbeit im Team» mit «Familie». In einer Familie ist es erstrebenswert, sich zu mögen, im Team ist das nicht notwendig. Und dennoch wird genau für diesen Anspruch sehr viel Zeit und Energie verwendet. Vorgeschoben wird dabei die Sachebene, in Wirklichkeit geht es aber auch hier um die Beziehungsebene.

Im Rahmen einer Umstrukturierung saßen sich in einem Workshop einmal zwei Teams gegenüber, die extrem gegensätzliche Vorstellungen zu einem wichtigen Aspekt dieser Umstrukturierung hatten. Beide Teams machten einen äußerst geschlossenen Eindruck und waren strikt gegen die Vorstellungen des anderen Teams. Sie mochten sich auch nicht sonderlich, was deutlich spürbar war. Diese Situation bot sich für zwei Experimente an.
Zunächst bat ich jedes Team, sich so vorzubereiten, dass sie in einem Streitgespräch jeweils die Position des anderen Teams vertreten könnten. Dies taten sie und ich ließ sie das dann auch in den vertauschten Rollen durchführen. Nach anfänglichen Schwierigkeiten steigerten sie sich immer mehr hinein, und ein Außenstehender wäre von ihrer Argumentation mehr als überzeugt worden, auch darin, dass sich diese beiden Gruppen überhaupt nicht mögen.

Fazit 1: Egal ob Gruppen ihre oder eine gegenteilige Meinung vertreten, das Wichtigste ist das Zusammengehörigkeitsgefühl. Ein interessanter Nebenaspekt war natürlich auch, dass sich dadurch die Polarität komplett auflöste. Man hatte plötzlich Verständnis für die andere Seite. Ich glaube, manche haben sogar ihre Meinung geändert.
Was aber blieb, war ein eindeutiges Gefühl von «wir und die anderen», also ein starkes Zusammengehörigkeitsgefühl. Man weiß, wo man hingehört und möchte da auch bleiben. Dennoch ließen sie sich auf ein kleines spielerisches Experiment ein.
Dazu wurden wieder zwei Teams gebildet, allerdings so durchmischt, dass von den ursprünglichen Teams nichts mehr übrig blieb. Dann traten sie in einem Spiel mit Wettbewerbscharakter gegeneinander an. Schon nach kurzer Zeit waren alle mit Feuereifer dabei, der «Kampf» begann und eine eben dazugekommene Person hätte die beiden Teams als langjährige Gegner angesehen, solch eine Einheit strahlten sie aus! Die neuen Teams hatten sich gefunden und prompt wieder gegen «die anderen» abgegrenzt.

Fazit 2: Teams finden sich ebenso schnell, wie sie sich wieder lösen. Das menschliche Streben nach Gemeinsamkeit und familiärem Zusammenhalt wirkt da sowohl förderlich wie hinderlich.
Wenn das allen Spielern bewusst wird, fällt es ihnen leichter, im Interesse des gemeinsamen Zieles bestehende Strukturen auch wieder loszulassen, sich neu zu orientieren, neue Standpunkte einzunehmen und dadurch Verständnis für andere Sichtweisen zu bekommen.
Vor allem dieses Verständnis füreinander ist wesentlich für Bereiche, in denen es unterschiedliche Standpunkte gibt, z.B. Außendienst für die Bedürfnisse des

Kunden, Technik für die beste Lösung, Innendienst für reibungslose, möglichst standardisierte Abläufe, Buchhaltung für korrekte Zahlen. Welche Welten in der Betrachtungsweise dazwischen liegen können, stellen Mitarbeiter fest, die Gelegenheit hatten, einmal wirklich in die andere Rolle hineinzuschlüpfen. Eine Indianerweisheit sagt dazu: «Du kannst einen anderen erst dann richtig verstehen, wenn du einige Meilen in seinen Mokassins gelaufen bist.» Plötzlich wird deutlich, dass der andere nicht so handelt, weil er einen ärgern möchte, sondern weil er das aus seiner Sicht für die bestmögliche Form seiner Arbeit hält. Ebenfalls deutlich wird, dass Menschen mit vergleichbaren Anlagen vergleichbare Berufe wählen. So gibt es zum Beispiel kaum Verkäufer, die nicht gerne reden und damit, ohne sich dessen bewusst zu sein, so manchen eher Schweigsamen in die Enge treiben.
Hier Gesamtzusammenhänge aufzuzeigen und die Präferenzen eindeutig zu benennen, ist Führungsaufgabe, sonst geraten solche Teams immer wieder auf Kollisionskurs.

«Grundsatzfrage: Wie viel Team braucht die Lösung?»
Inner game Weisheit

KEINE FÜHRUNG OHNE KRAFT

Die Führungskraft gestaltet Spielräume mit Zielrichtung, Grenzen und Freiräumen gleichermaßen. Stellen Sie sich ein Fußballspiel ohne Tore vor, alle würden durcheinander rennen. Stellen Sie es sich ohne Außenlinien vor, nach einiger Zeit wäre kein Spieler mehr da. Oder stellen Sie sich die Spieler ohne Bewegungsfreiraum vor, alle würden an ihrem Platz stehen bleiben.
Nur wie bekommt man eine gemeinsame Zielorientierung hin, erkennt die angemessene Begrenzung, gestaltet den passenden Freiraum und setzt die Mitspieler am richtigen Platz ein?
Mit dieser Frage und Kunst gleichermaßen beschäftigt sich die Führungskraft zu einem großen Teil ihrer Arbeitszeit. Die Führungskraft

- entscheidet, ob und wie viel sie selbst aktiv mitspielt
- kann ihre Mitarbeiter fördern und fordern
- hat Freude an deren Erfolg
- hat ein starkes Einfühlungsvermögen in Menschen und Situationen
- bleibt in Konfliktsituationen gelassen
- denkt und handelt mutig und steht für ihre Mitarbeiter ein

Um das zu erreichen, ist ein lebenslanges Lernen erforderlich. Davor steht die Erkenntnis, dass das plötzliche Vorhandensein von eigenen Mitarbeitern noch lange keine Führungskraft ausmacht. Eine Arbeit oder Fertigkeit gut zu beherrschen, hat nichts mit der Fähigkeit zur Menschenführung zu tun. Die Kraft vieler Führungskräfte ist allein die «Kraft» ihres Amtes!
Das ist ihnen meist auch bewusst, was nicht nur bei jungen Führungskräften häufig zu Stress und Anspannung führt. Um dem zu begegnen, wird auf bewährte Dinge zurückgegriffen, und das ist meist die Sachebene. «Ist das richtig gemacht worden?», «Dieser ist messbar hinter dem Soll!», «Jener erfüllt seine Aufgaben nicht zufriedenstellend» usw. Und auf dieser Ebene versucht man dann auch, mögliche Probleme zu lösen. Das funktioniert allerdings meistens nicht, denn oft stecken ganz andere Gründe dahinter als die offensichtlichen. Es ist das innere Spiel, das sich so oder so auf das äußere auswirkt.

Die meisten von uns versuchen alles richtig zu machen, strengen sich an und wollen es gut machen. Äußert der Vorgesetzte dann aber Kritik, ist die Konsequenz eine Erhöhung der Anspannung, gefolgt von weiter sinkender Leistung. Versucht man das zu verstecken, wird aus einem anfangs kleinen Problem ein wirklich großes. Aber man war «sachlich»! Hier den richtigen Weg zu finden, ist eine der großen Herausforderungen für Führungskräfte.
Es kann allerdings nicht allein die Aufgabe der Führungskraft sein, für die Mitarbeiter komplett die Verantwortung zu übernehmen. Interessant ist in dem Zusammenhang einmal die Antwort von Führungskräften auf die Frage: «Wie motiviere ich mich, wie motiviere ich andere?» Ergebnis war, dass sie selbst einfach motiviert sind, sozusagen selbstverständlich, sich aber ununterbrochen Gedanken darüber machen, wie sie ihre Mitarbeiter motivieren könnten. Dabei geht es «nur» darum, einen Spielraum zu schaffen, in dem die Mitarbeiter ebenso selbstverständlich motiviert sind. Darin finden die Mitarbeiter auch einfacher den für sie geeigneten Platz.

Für all das ist es erforderlich, nicht nur dem Namen nach «Führungskraft» zu sein, sondern tatsächlich über die entsprechende Kraft zu verfügen und dafür zu sorgen, dass sie da ist. «Woraus beziehe ich als Führungskraft meine Kraft?», lautete die Fragestellung in einem Seminar. Als Antwort wurden unter anderem «Identifikation mit dem, was man tut, Erfolg, positive Rückkoppelungen, Lob», aber in erster Linie «Familie, Freizeit, Freunde» genannt.
Zwei Erkenntnisse lassen sich daraus gewinnen: All das gilt nicht nur für Führungskräfte, sondern für alle, und wenn man über Motivation nachdenkt, sollte man zuerst

auf diese Aspekte schauen. Zum zweiten kommt dem Privatleben und hier vor allem den Beziehungen eine besondere Bedeutung zu. Oft wird ein gewisses Erschrecken spürbar, wenn bemerkt wird, dass dafür so gut wie keine Zeit mehr ist.
Aber nicht nur im Privaten hat die Beziehungsebene eine so große Bedeutung. Das gilt in gleichem Maße für die Arbeit und die Beziehungen im Unternehmen. Der Eisberg bietet sich da als anschaulicher Vergleich an.
Nur ein sehr kleiner Teil ist sichtbar, das meiste ist unsichtbar unter Wasser, aber dennoch vorhanden und äußerst gefährlich, wenn man nichts davon weiß. Ebenso ist es mit der Sach- und Beziehungsebene. Auch hier macht die Wirkung der Sachebene, also des Sichtbaren und Messbaren, nur einen kleinen Teil aus. Das Darunterliegende nämlich, Gedanken und Gefühle, Einstellungen, Beziehungen, Sympathien und Antipathien, all diese schwer messbaren Dinge des inneren Spiels machen den größten Teil des Eisberges aus. Und wenn es der Führungskraft nicht gelingt, diesen Teil zu sehen und anzusprechen, Verborgenes an die Oberfläche zu holen, kann sie auf der Sachebene noch so viel argumentieren, motivieren und verführen. Es nützt – zumindest langfristig – nichts.

«Das Titanic-Syndrom: So schnell war noch kein Schiff – unten!»
Inner game Weisheit

ENERGIE VOR TAGESORDNUNG

Hoffentlich bin ich heute nicht der Letzte, aber da ich im letzten Meeting präsentieren musste, konnte ich einfach nicht raus. Dabei wollte ich pünktlich gehen, damit ich noch das angekündigte Telefonat hätte führen können. Dann muss er halt jetzt warten, ich kann es auch nicht ändern. Puhh, Glück gehabt, die Tür ist noch offen, Beamerlampe kaputt, immer diese Technik, hoffentlich rieche ich nicht, bin ganz schön verschwitzt, wo ist das Wasser, keines da, dann halt Kaffee, kommt eh nicht mehr drauf an, hilft beim Durchhalten.
Wer schreibt Protokoll? Ich rutsche tiefer – drumrumgekommen!
Endlich, das Licht geht aus, alle sehen gleich erholter und entspannter aus. Was macht der denn da, steht das auf der Tagesordnung, oh je, holt der weit aus, das ist für mich überhaupt nicht interessant, die anderen sehen auch nicht gerade motiviert aus ... wie lange braucht der denn noch, komm endlich auf den Punkt, ich habe heute noch weitere Meetings. Da endlich der erlösende Satz: «Noch Fragen?» Hoffentlich sagt keiner was, ach der wieder, hat der nichts Besseres zu tun, ver-

dammt, ich muss weg. Und jetzt fangen die auch noch an zu diskutieren, das kann ja wieder ewig dauern, da muss sich nur wieder jeder profilieren – «Das können Sie so nicht sagen, das war ganz anders» – Mist jetzt habe ich mich wieder nicht rausgehalten, nachher kriege ich noch ein Projekt aufs Auge gedrückt. Heute wird ja aus jeder Kleinigkeit, aus jeder Frage, die man nicht beantworten kann, gleich ein Projekt. Ich habe schon genug davon.

Kurz noch ein Blick auf das innere Spiel des Vortragenden:

Das darf nicht wahr sein, Beamerlampe kaputt, jetzt bloß die Ruhe bewahren, bin ganz schön verschwitzt, hoffentlich merkt es keiner. Ist eine ganz wichtige Präsentation für mich, habe ja nächste Woche mein Zielgespräch. Hoffentlich machen mir die Kollegen das Leben nicht schwer und stellen keinen blöden Fragen. Los geht's ... Wieso sieht man denen nie an, wie sie es finden, wirken alle gleich abwesend und dennoch da. «Noch Fragen?» Gut, dass sich keiner meldet, ach doch, der wieder ... und voll auf den einzigen Schwachpunkt, was haben die nur alle, sollen sie dieses Projekt doch selbst machen. Vertagt, gut aber dann muss ich ja nächstes Mal noch mal ran, na ja, Hauptsache erst mal vorbei. Nur worum ging es eigentlich, was ist eigentlich das Problem, das ist mir noch unklarer als vorher.

Erlauben Sie mir ein ketzerisches und ganz subjektives Statement: «Nirgends werden Menschen für ihr Stillhalten – äußerlich bewegungslos und innerlich anteilslos – so gut bezahlt wie in Sitzungen.

Einmal stellte eine Führungskraft in einer Sitzung die «mutige» Frage: «Finden Sie unsere Sitzungen eigentlich effektiv?» Das Ergebnis bestätigte den Mut der Frage. Die Antwort lautete nämlich einstimmig: «Nein.»
Es ist nämlich schon mutig, eine Frage zu stellen, deren Antwort aufzeigen könnte, dass man seit langem in vollem (Unter-) Bewusstsein etwas Uneffektives macht. Und noch mutiger, weil ja gerade die Effektivität bzw. deren Steigerung, Inhalt und Ziel der meisten Sitzungen ist. Aber jetzt war die Frage gestellt und die Antwort nicht mehr vom Tisch zu fegen, umso weniger als sie in der nachfolgenden Stille nachhallte.

Da kam die zweite, schon nicht mehr ganz so mutige Frage: Wie? Froh ein Projekt zu haben, stürzten sich alle in gewohnter Manier darauf und großer Aufwand, Maßnahmepläne, Zu- und Verteilungen bahnten sich an, bis wiederum einer einen wieder mutigeren Vorschlag machte: «Bevor wir in große Aktivität ausbrechen, lassen wir doch einfach mal ein paar Dinge weg, die nichts bringen und folgen einfach der Spur, was eine Besprechung für jeden Einzelnen interessant macht ohne Rücksicht auf Gewohnheiten, Konventionen. Was langweilt? Was belebt?»

Und ohne hier jetzt ins Detail zu gehen, sah der Besprechungsraum in kürzester Zeit ganz anders aus. Die Tische sind an die Wände gewandert, man saß sich im Stuhlkreis gegenüber, Bälle wurden als Redeball und zur Belebung eingeführt, Beamerpräsentation auf ein Minimum reduziert, neben Sachthemen wurde auch «weichen» Themen Platz eingeräumt. Und da die meisten auch schon inner game Seminare erlebt hatten, fand sogar das eine oder andere Spiel Eingang. Weder Lachen noch eine begeisterte, lebendige Vortragsweise waren Tabus, zumindest für die Beteiligten im Raum, die die Besprechungen auch als viel effektiver als früher einstuften.

Es durfte nur niemand hereinschauen ...!

DIE SPIELEND LERNENDE ORGANISATION

«Wo kämen wir hin,
wenn alle sagten,
wo kämen wir hin,
und keiner ginge,
um zu sehen,
wohin wir kämen,
wenn wir gingen?»
Kurt Marti

Die spielend lernende Organisation zeichnet sich durch ein hohes Maß an Lebendigkeit und Beweglichkeit aus. Bei immer mehr Unternehmen wird erkannt, dass gerade darin ein wesentlicher Erfolgsfaktor liegt, da ihre Unterscheidung nach Produkten und Preisen oft kaum noch möglich ist.
Die «spielend lernende Organisation» ist ein Modell, um auf einer bildhaften, konkreten und leicht verständlichen Ebene das tiefere Verständnis für ständige Veränderungen und systemische Betrachtungsweisen im Unternehmen zu fördern. Die spielend lernende Organisation zeichnet sich durch Vielfalt, starke

Selbstreinigungskräfte und die Fähigkeit, souverän mit äußeren Einflüssen umgehen zu können, aus. So kann sie sich immer wieder auf neue Bedingungen und Anforderungen einstellen und trotzdem ihren individuellen Charakter und die eigene Richtung beibehalten.

Die drei Hauptaspekte der spielend lernenden Organisation sind:

1. spielende Kommunikation
2. Energie vor Tagesordnung
3. gelebte Fehlerkultur

Einer der wesentlichsten Aspekte ist die «spielende Kommunikation», denn das wird der entscheidende Erfolgsfaktor der Zukunft. Und das wiederum hängt mit den Menschen zusammen, die kommunizieren oder, wie es heute häufig der Fall ist, eben nicht. Und das trotz oder gerade wegen ständig verbesserter technischer Kommunikationsmittel.
Folgendes Beispiel zeigt die unterschiedlichen Ausrichtungen. Viele Unternehmen versuchen, ihren «faulen» Mitarbeitern so zu begegnen, dass sie die Möglichkeiten für die Pause und das Schwätzchen zwischendurch abschaffen. Andere Unternehmen fördern das, da sie den besonderen Wert dieser absichtslosen und damit spielerischen Kommunikation nebenbei erkennen. Spielend kommunizieren heißt aber auch, die Bedeutung der Kommunikation überhaupt zu erkennen und ihr eine entsprechende Priorität einzuräumen. Denn wenn vor lauter Arbeit überhaupt keine Zeit mehr für Kommunikation bleibt, ist es gleich, ob diese spielend ist oder nicht!
«Energie vor Tagesordnung» bedeutet, dass es durchaus eine Tagesordnung, Normen und Richtlinien gibt, dass diesen aber keine übergroße Bedeutung zugemessen wird. Der Mensch lässt sich nun mal nicht dauerhaft in enge Strukturen pressen bzw. er reagiert darauf mit Abschalten und Resignation. Er erträgt die Tagesordnung, seine Energie ist dabei jedoch eine ganz andere oder ganz woanders. Was versprechen sich Unternehmen davon, bei ihren Informationsveranstaltungen möglichst viele Inhalte in möglichst komprimierter Form darzubieten? Lauter Antworten, ohne dass Fragen gestellt werden! Die Zuhörer schalten bald ab, von den Informationen bleibt wenig hängen, aber die Tagesordnungspunkte werden abgehakt.
Das Gleiche erlebt man oft in Besprechungen. Auch hier gibt es Tagesordnungspunkte, was durchaus sinnvoll ist. Das Ziel ist aber meist, diese in der dafür anberaumten

Zeit abgehakt zu haben, und nicht, sie wirklich zu durchdringen. Oft hört man Aussagen wie: «Kommen wir zum nächsten Punkt, sonst reicht die Zeit nicht!» Diese mahnenden Worte kommen meist dann, wenn sich gerade eine Diskussion zu entwickeln beginnt, wenn also plötzlich Energie und Kreativität im Raum vorhanden ist. Es ist fatal, hier zu unterbrechen, denn der abgehakte, aber unerledigte Punkt kommt wie ein Bumerang wieder zurück. In der Summe braucht dieser Punkt dann weitaus mehr Zeit, als hätte man ihn gleich umfassend behandelt.

In der spielend lernenden Organisation folgt die Tagesordnung der Energie. Dadurch werden die anstehenden Aufgaben umfassender, gründlicher und mit dem ganzen Einsatz aller Beteiligten bewältigt. Wer sich dazu im Moment nicht in der Lage fühlt, macht eine Pause oder einen Spaziergang oder sonst etwas, was seiner Energie oder Nicht-Energie gerade entspricht. Damit trägt er mehr zum Gelingen bei als durch Gelangweiltsein oder gar destruktive Äußerungen.

«Wir brauchen in unserem Unternehmen eine Fehlerkultur», sagte neulich der Vorstandsvorsitzende eines großen Unternehmens auf einer Führungskräftetagung vor 600 Führungskräften. Kurz zuvor hatte er beim Jonglieren lernen erlebt, wie schnell man lernen kann, wenn Fehler nicht nur erlaubt, sondern sogar erwünscht sind. Der Ball «muss» am Anfang herunterfallen, um diesen Erfolg zu haben!

Wie sieht es aber in der Realität aus? Im übertragenen Sinne bekommen die Mitarbeiter mit unternehmerischen Anforderungen quasi drei Bälle in die Hand, mit der Aufforderung zu jonglieren. Dabei erwartet nicht nur der Auftraggeber, sondern auch der Mitarbeiter, dass alles auf Anhieb funktioniert. Gleichzeitig ahnt er (sein inner game), dass es gar nicht funktionieren kann. Und so lässt er die Bälle, vor lauter Angst, dass sie herunterfallen könnten, gar nicht erst los. Mit großem Aufwand, allen möglichen Tricks und viel äußerer Aktivität versucht er, diese drei Bälle in seiner Hand als gelungenes Projekt zu bezeichnen, als Jonglage zu verkaufen. Den anderen geht es genauso und das führt schließlich dazu, dass man dieses Ergebnis jonglieren nennt. Alle haben ihr Bestes gegeben, mehr ist nicht möglich. Alle sind sich einig, nur passiert ist in Wirklichkeit nichts.

In einer gelebten Fehlerkultur ist es eine Binsenweisheit, dass nur «Fehler machen» schnelle Lernfortschritte überhaupt ermöglicht. Denn lernen ist loslassen und loslassen führt am Anfang meist zum Herunterfallen. Festhalten führt dagegen zwangsläufig zur Verkrampfung, die einen möglichen Erfolg noch weiter in die Ferne rücken lässt.

Das alles hat dieser Vorsitzende womöglich erkannt und seine Worte haben mich sehr berührt. In einer Welt, die alles perfekt machen möchte, die immer schneller und technischer wird, soll es wieder erlaubt sein, Fehler zu machen und daraus zu lernen. Tatsache ist, dass nur durch diese Erlaubnis, und man muss sie auch sich selbst geben, lernen und Veränderung lebendig werden und damit überraschend schnelle Erfolge möglich sind.
In einer spielend lernenden Organisation wird deshalb ein Arbeitsumfeld geschaffen, bei dem sich wie selbstverständlich die tieferen Einsichten über die eigene Person und die eigene Arbeit erweitern, sowie neue Qualitäten und Formen der Wissensgewinnung und -verarbeitung gefunden werden. Grundsätzlich geht es um die Realisierung eines vernetzten Systems von Wissensträgern, die miteinander arbeiten und lernen und sich dabei in einem größeren Sinnzusammenhang verbunden fühlen.

Die vielleicht wichtigsten Qualitäten der spielend lernenden Organisation sind daher, dass sie ständig in Bewegung ist, dass sie immer wieder von neuem zu einem Denken über die bestehenden Grenzen hinaus fähig ist und dass sie immer wieder von neuem aus sich heraus die Kraft und den Mut entwickelt, die bestehenden Chancen zu nutzen.

Günter Carpus, Vorstand des gleichnamigen Unternehmens, meinte dazu:

Stillstand ist Rückschritt, denn das «Fließband» der Entwicklung läuft gegen die Entwicklungsrichtung. Das ist uns seit Jahren klar. Nach einer Zeit der Personalentwicklung in Eigenregie entschlossen wir uns zu einem dreijährigen Zyklus mit unterschiedlichen Veranstaltungen unter Begleitung des inner game Instituts. Nach einer ausführlichen Standortanalyse starteten wir mit einer Open Space-Veranstaltung mit der gesamten Firma.
Die Veranstaltung trug den Namen «Das gibt's doch gar nicht». Trotz aller systematischen Vorgehensweise und trotz einer durchdachten Organisation des Unternehmens, kamen wir nämlich immer noch an Punkte, an denen die Dinge einfach nicht klappen wollten.
«Das gibt's doch gar nicht, dass im Projektteam schon wieder ein Konflikt schwelt.» – «Das gibt's doch gar nicht, dass die Ingenieure mit den Architekten wieder im Streit liegen.» «Das gibt's doch gar nicht, dass unser Betriebsklima so schlecht ist.» «Das gibt's doch gar nicht ...»

In der Open Space-Veranstaltung lernten wir zu unserer aller Überraschung erst einmal jonglieren. Es ging nicht darum, die Schwierigkeiten direkt anzupacken, sondern sie erst einmal anzusprechen und anzuschauen. Um weiter nichts.
Und es gab vielgestaltige Aktivitäten – aber nicht als «Spielchen zwischendurch», sondern als ernsthafter Ausdruck dessen, was uns bewegt. Das Spiel als Spiegel unserer Arbeitsprozesse, zum Erkennen und Verbessern von Führungsfähigkeiten, zur Erleichterung der Kommunikation, zur Optimierung von Abläufen und natürlich zur Stärkung des Teamgeistes.
Als ein schon immer sehr «bewegtes» Unternehmen war dies für uns nach anfänglichem Zögern ein sehr willkommener Weg. Nahmen doch die Arbeitsbelastung, der Zeitdruck und vor allem die permanenten Veränderungen und Unwägbarkeiten ständig zu.
Anders als beim Versuch, alles in Strukturen zu pressen und bis ins kleinste Detail zu kontrollieren, übten wir uns zunehmend in der Kunst des Loslassens und des Vertrauens in uns selbst und andere. Mehr als einmal erlebten wir bei spielerischen Aktivitäten, wie sich scheinbares Chaos ganz von alleine in Ordnung auflöst, wenn man natürliche Prozesse geschehen lässt. Wir erlebten den Reiz der Herausforderung und den Spaß am Wettbewerb und sahen mehr und mehr die Qualität in der Unterschiedlichkeit unserer Mitarbeiter.
Es folgten gemeinsame Veranstaltungen auf der Skipiste, wozu zehn unserer Führungskräfte zwei Tage vor Seminarbeginn auf ihre Rolle als Skicoach vorbereitet wurden – und das, obwohl sie teilweise weniger gut Skifahren konnten als ihre Kursteilnehmer.
Aber es ging ohnehin weniger um die technische Verbesserung als darum, gemeinsam herauszufinden, worauf es beim Skifahren ankommt: wie man in Kontakt mit sich, der Natur und dem Schnee kommt und welche unterschiedlichen Möglichkeiten den Einzelnen zur Verfügung stehen, um leicht und mit Freude den Berg hinunter zu kommen. Verschiedenste Spiele und Teamübungen am Abend, gepaart mit jonglieren, wurden mit aktuellen Themen und Fragestellungen aus unserem beruflichen Alltag verbunden, die ebenso begeistert angegangen wurden.
Eine Woge von Energie und guter Laune zog sich in den darauf folgenden Wochen durch unser Büro. Und das ganz ohne Maßnahmenpläne und Berge neuer Zielsetzungen.
Die zugrunde liegende Methode, inner game, basiert auf der Idee, dass unserem äußeren Spiel – der Arbeit, wenn Sie so wollen – immer auch ein inneres Spiel zugrunde liegt. Wir haben erlebt, dass dieses sich weit mehr auf unsere äußeren Handlungen auswirkt, als wir geahnt hätten. Oft genug auch negativ. Umso erfreulicher

war es, dass wir mit wachsendem Bewusstsein über unsere inneren Prozesse auch besser auf diese einwirken konnten.
Letztlich haben wir uns hiermit in einen Prozess begeben, der nie abgeschlossen ist und uns dauerhaft begleiten wird. Fest steht lediglich, dass wir uns heute deutlich mehr Leichtigkeit erlauben, beweglicher auf Herausforderungen reagieren und insgesamt fröhlicher geworden sind.

Es wurde schon viel über Intuition, Gefühl und Bauchentscheidungen geschrieben – und wie wichtig sie auch in unserem scheinbar so sachorientierten Wirtschaftleben sind. Jonglieren stattdessen ist eine Ausdrucksform, die Intuition erlebbar, spürbar und im wahrsten Sinne des Wortes begreifbar macht. Eines der besten Beispiele, um zu erleben, wie man spielerisch zum Erfolg gelangen kann.

Für mich eine Bestätigung meiner Überzeugung, dass ohne Spielraum kein Spielraum möglich ist!
In der spielend lernenden Organisation wird Arbeiten, Lernen und Leben eine völlig neue Bedeutung und auch ein neues Gesicht bekommen. Hypermodern ausgestattete, allerdings immer noch an Klassenzimmer erinnernde Räume werden nicht mehr erforderlich sein. Äußerst flexible Gestaltungsmöglichkeiten und genügend Platz, schnell seinen Standpunkt zu verändern, sowie Raum für Bewegung machen den Charakter der neuen Räumlichkeiten aus. «Spielsachen» bzw. «bewegende Arbeitsmittel» liegen bereit. Licht, Luft und Farben schaffen eine fördernde Lernatmosphäre. Der Garant für wirtschaftlichen Erfolg aber sind und bleiben die Menschen, die aus eigener Motivation und Begeisterung heraus denken und handeln.

«Inneres Strahlen ist stärker als äußerer Schein.»
Inner game Weisheit

GOING IN – COMING OUT

Wer mit inner game begonnen hat, wird es in der Regel nicht mehr los. Das hat viele Vorteile, es kann aber auch Widerstand auslösen in einer Welt, die noch an althergebrachten Gewohnheiten festhält. Letztlich zeigen aber viele Erfahrungen, dass der Erfolg sich nicht vermeiden lässt und das Lebendige sich durchsetzt.

Bei einem Wandercoaching entwickelte ein Klient in diesem Zusammenhang ein schönes Bild. Sein Thema war Selbstmanagement und konkret die Wiederherstellung einer Ordnung und Übersichtlichkeit in seinem Büro. Er hatte schon einiges versucht, Zeitmanagementseminare besucht, einen Spezialisten kommen lassen, aber nach kurzer Zeit sah es wieder aus wie früher. Da sich äußerlich nur das zeigt, was innerlich vorhanden ist, fand er bei einem Spaziergang durch den Wald nützliche Ansatzpunkte einzig mit der Frage «Wie schafft die Natur Ordnung?»

Hier der anschließende Vortrag meines Klienten in Kurzform: «Also am Anfang dachte ich, da ist überhaupt keine Ordnung, das ist ein einziges Chaos und Durcheinander, verschiedene Bäume, Büsche, Pflanzen, am Boden Laub, abgestorbenes Holz, übereinanderliegende Äste, dazwischen Blumen, dann wieder Gras, Steine, Felsen. Ich konnte mit der Frage nicht viel anfangen, aber irgendwann wurde mir klar, dass es auch nicht wirklich Chaos ist, wie ich zunächst dachte. Es gab schon auch Regelmäßigkeiten, Chaos würde ja eher bedeuten, fünf Bäume ganz eng zusammen, dann wieder lange nichts, aber hier hatte schon alles seine Ordnung, auch wenn es mit dem, was ich unter Ordnung verstehe, nichts zu tun hat. Nichts stand bei gleichen Abständen in geraden Reihen, die großen Bäume da, die mittleren dort und die kleinen im ‹Baumkindergarten›.
Kurz blitzte in mir auf, wie so ein Wald aussehen würde, wenn der Mensch seine Ordnungsmaßstäbe anlegen würde und das war mir gar nicht sympathisch. Da ich ja viel Zeit hatte, ließ ich alles einfach auf mich wirken und in mir festigte sich immer mehr der Gedanke, dass hier eindeutig eine Ordnung vorlag und zwar eine ganz besondere, nämlich eine, die überhaupt nicht danach aussah, aber dennoch eindeutig wirkte. Alles hatte seinen Platz und dennoch behielt alles seine Einzigartigkeit. Ich merkte, wie sich in mir eine große Ruhe ausbreitete, als ich immer mehr spürte, dass äußere Ordnung nicht quadratisch und linear sein muss, sondern lebendige Vielfalt sein darf. Und als mir das mit dem lebendig kam, richtete ich plötzlich meinen Blick auf das Tote, die abgestorbenen Äste, das heruntergefallene Laub, also all das, was in der ‹normalen›, der menschlichen Ordnung,

weggeschafft wird. Und ich fragte mich, wie macht das die Natur? Und während ich mir das beim Gehen anschaute oder besser gesagt, auf mich wirken ließ, war da plötzlich dieser Löwenzahn aus der gleichnamigen Fernsehsendung. So wie dieser Löwenzahn durch den harten Asphalt stößt, so löst die Natur die Frage mit dem ‹Abfall›. Sie kümmert sich nicht darum, sondern wächst einfach durch, das Lebendige hat Kraft, das ‹Tote› keine. Und da wurde mir blitzartig klar, dass das bei mir im Büro genau umgekehrt ist. Das ‹Tote›, der Ballast erstickt alles Lebendige und der Anblick macht mich müde und kraftlos. Und als ich diesem Bild weiter folgte, wurde mir bewusst, was ich machen würde, wenn ich wieder in meinem Büro bin: Ich werde aufhören zu versuchen, eine klassische Ordnung herzustellen, sondern stattdessen alles nach lebendig und tot sortieren. Dem Lebendigen gebe ich dann viel Platz, dem ‹Toten› nicht mehr die Erlaubnis, dessen Wachstum zu behindern. Und wie das Ganze für einen Außenstehenden aussieht, ist mir egal, solange ich mich damit richtig wohl fühle!»

Und so möchte ich Sie einladen, dem Lebendigen mehr Platz einzuräumen und auf Ihr Gefühl, Ihre innere Stimme, Ihr inneres Spiel zu vertrauen.

ERLEBNISTEIL

ICH LERNE JONGLIEREN

Auf der Homepage www.spielraumfuerwesentliches.de finden Sie zum Herunterladen eine gesprochene Anleitung, die Ihnen zusammen mit diesen Bildern das Jonglieren mit den drei beiliegenden Tüchern nahebringt. Musik im passenden Jonglier-Rhythmus unterstützt Sie dabei und sorgt für ein spielerisch leichtes Lernen.

Jonglieren lernen mit Tüchern als ersten Lernschritt:

Schritt 1:
Nehmen Sie sich ein paar Minuten Zeit und werfen Sie einfach ein Tuch von einer Hand in die andere, damit sich Ihr Körper an das abwechselnde Werfen und Fangen gewöhnt. Achten Sie darauf, dass Sie dabei entspannt sind und das Tuch seinen höchsten Punkt oberhalb Ihres Kopfes hat.

Schritt 2:

Nehmen Sie sich jetzt das zweite Tuch dazu und werfen Sie es genau in dem Moment nach oben, in dem das erste Tuch seinen höchsten Punkt erreicht. Dabei kreuzt es dieses und Sie haben anschließend die Tücher in der jeweils anderen Hand. Achten Sie darauf, dass Sie nicht unten von Hand zu Hand weitergeben.

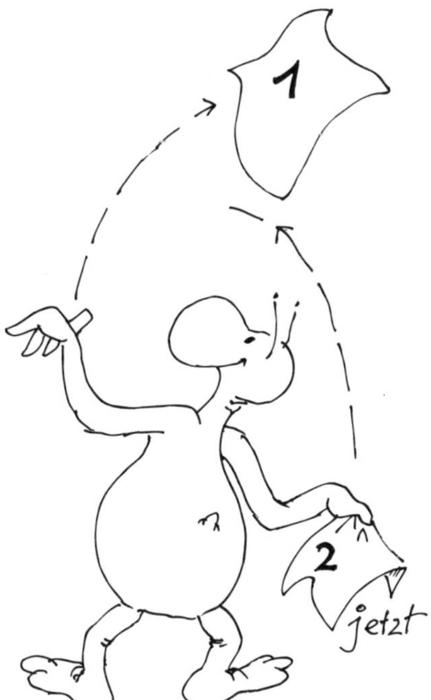

Schritt 3:
Nehmen Sie das dritte Tuch dazu. Eine Hand hält zwei Tücher, die andere eines. Die Hand, die zwei hält, beginnt, indem sie genau wie in Schritt 2 ein Tuch nach oben wirft. Es folgt das Tuch aus der anderen Hand. Ihr Körper erinnert sich an diese Bewegung. Wenn Sie merken, dass das dritte Tuch dran ist, lassen Sie es einfach los und genießen Sie diesen Moment. Denn dieses Gefühl, das dritte Tuch zum ersten Mal loszulassen, gibt es nur einmal!

Jonglieren mit Bällen

Das Jonglieren mit Tüchern ist die Basis. Jetzt wissen Ihr Körper, Ihre Arme und Hände, was Sie tun müssen, um drei Gegenstände in der Luft zu halten. Die Übertragung auf Bälle ist damit leichter. Es geht lediglich darum, sich mit dem etwas schnelleren Tempo anzufreunden.

Jonglierbälle und weiteren Jonglierbedarf erhalten Sie im ausgesuchten Fachhandel, wie zum Beispiel bei der Firma «Pappnase & Co.» unter www.pappnase.de.

PERSÖNLICHKEITSANALYSE – JEDER JONGLIERT, WIE ER LEBT

Ich möchte Sie auf eine durchaus vergnügliche Forschungsreise einladen. Sie wissen ja mittlerweile, dass «jeder jongliert, wie er lebt» nicht bedeutet, dass derjenige schlecht lebt, dem die Bälle herunterfallen und umgekehrt, der andere gut. Es geht wirklich einzig darum, sich selbst auf dem Weg zum Jongleur besser kennenzulernen. Die folgenden Jonglier-Typen überzeichnen darin einige gängige Strategien, auf die Menschen im Umgang mit Herausforderungen, also in Stressmomenten, zurückgreifen und zwar egal, ob beim Jonglieren oder im Leben. Verstehen Sie das als Spiegel, schmunzeln Sie über das, was Ihnen begegnet und entdecken Sie die verblüffenden Wirkungen, die sich einfach dadurch einstellen, dass Sie etwas bemerken.

DER «STRESS-TYP»

Er schmeißt die Bälle schnell irgendwie in die Luft, gefolgt von hektischen und ergebnislosen Fangbewegungen. Noch bevor die Bälle auf dem Boden sind, wendet er sich schon wieder anderen Tätigkeiten zu.

Parallelen zu Leben und Beruf: Da mehr Dinge auf ihn einstürzen, als er bewältigen kann (oder glaubt, bewältigen zu können), verliert er zum einen das Ziel völlig aus den Augen. Zum anderen wird nichts in Ruhe zu Ende gebracht. Die Folge ist operative Hektik ohne wirkliches Ergebnis. Solch zunehmend unkontrollierter Aktionismus trägt eine Menge dazu bei, im falschen Moment und am falschen Ort das Falsche zu tun.

Lösung: STOP:
Step back – Halten Sie inne und betrachten Sie die Angelegenheit aus der Distanz.
Think – Erkennen Sie, dass es so ist, wie es ist, und was Sie selbst dazu beitragen.
Organize your thoughts – Sortieren Sie Ihre Gedanken, und setzen Sie ein klares Ziel.
Proceed. – Machen Sie weiter.

DER «ICH-KANN-ES-SOWIESO-NICHT-TYP»

Er weiß schon vorher, dass er es nicht kann, selbst wenn er es noch nie versucht hat. Die ganze Körperhaltung ist spannungslos. Besonders ungeschickte Bewegungen nehmen das erwartete Ergebnis schon vorweg, gefolgt von Reaktionen wie: «Siehste, ich wusste es ja», bis zu frustriertem: «Ich kann es halt einfach nicht.»

Parallelen zu Leben und Beruf: Resigniert oft schon vor Beginn und hält viele Dinge für schwierig oder unmöglich. Geht dabei schnell in den stillen Widerstand und lässt sich nicht so gern auf Neues und Ungewohntes ein. Neigt dazu, Herausforderungen zu vermeiden und sucht ständig nach Beweisen, dass Dinge nicht funktionieren. Aufmunternde Worte können das Negativdenken sogar noch verstärken.

Lösung: Machen Sie sich bewusst, dass es im Wesentlichen Ihr Denken ist, das Ihren Erfolg bestimmt. Erfolg ist die Folge Ihres Denkens – ob gut oder schlecht. Wecken Sie Ihre eigene Abenteuerlust und Experimentierfreude und versuchen Sie es einmal mit dem Satz: «Ich kann es», auch wenn Sie vorerst nicht daran glauben!

DER «ICH-KANN-NICHT-LOSLASSEN-TYP»

Sobald aufgrund zu großer Komplexität keine Kontrolle mehr möglich ist, stellt er fest, dass er den dritten Ball nicht loslassen kann. Er bleibt wie angeklebt in der Hand.

Parallelen zu Leben und Beruf: Sobald auf ihn zu viele Dinge einstürmen, neigt er zum Festhalten und Zusammenziehen. Gleichzeitig läuft er Gefahr, sich zu viele Dinge «aufzuladen». Wobei die Anspannung wächst, je länger man mit dem Loslassen wartet.

Lösung: Hilfreich ist, erst einmal entspannt (und wertfrei) wahrzunehmen, dass das eigene Verhalten so ist, wie es ist. Richtet man dabei die Wahrnehmung ohne Änderungsabsicht auf den Ball, den man festhält, wird bewusst, dass es mitnichten etwas zu tun, sondern vielmehr etwas zu lassen gilt: nämlich, den Ball loszulassen. Führen Sie die Wurfbewegung immer wieder bis zu diesem Punkt aus. Nehmen Sie wahr, was die haltende Hand macht und wie sie sich anfühlt. Der Wunsch und damit die Bereitschaft, sich zu öffnen und den Ball loszulassen, kommt von alleine.

DER «ICH-MÖCHTE-ES-RICHTIG-MACHEN-TYP»

Dieser Typus ist fest davon überzeugt, dass es ein «richtig» und «falsch» gibt: Das eine ist gut, das andere schlecht. Im Bemühen, alles richtig zu machen, wirken die Bewegungen sehr kontrolliert. Das mehr oder weniger sichtbare Stirnrunzeln zeugt von geistigen Anstrengungen. Der Fokus liegt auf dem, was (anscheinend) noch nicht richtig ist. Starker Wunsch nach konkreter technischer Anleitung. Es darf keinen Spaß machen, bevor es nicht funktioniert.

Parallelen zu Leben und Beruf: Der Wunsch, alles richtig zu machen, führt zu Verkrampfung und damit zwangsläufig zu Fehlern. Diese werden als negativ empfunden. Im Glauben, dass andere es besser und Anleitungen für ein «Richtig» geben können, wird die Suche nach einer Lösung nach außen verlagert. Statt selbst zu forschen, werden dankbar Rezepte von außen angenommen. Der Lehrer erfährt seine Existenzberechtigung. Kritik wird kritiklos akzeptiert.

Lösung: Lassen Sie die Bälle bewusst auf den Boden fallen. Machen Sie einmal alles so falsch, wie Sie nur können, und achten Sie dabei auf die Reaktionen Ihres Körpers. Vergegenwärtigen Sie sich, dass nicht der Kopf jonglieren kann, sondern nur Ihre Hände. Ersetzen Sie richtig und falsch durch leicht und schwer.

DER «ERSTICKUNGS-TYP»

Nichts außer den immer schneller werdenden Händen bewegt sich. Unbewegter Brustkorb, aufsteigende Röte im Gesicht, gefolgt von abruptem Fallen der Bälle und lebensrettendem tiefen Durchatmen. Vermeintlich höhere Konzentration durch Luftanhalten. Bälle müssen herunterfallen, damit er überlebt.

Parallelen zu Leben und Beruf: In kritischen Situationen neigt man dazu, sich zurückzuziehen und Schwierigkeiten in sich hineinzufressen. Alle Bewegungen reduzieren sich auf ein Minimum, der Atem wird flach; Kopfschmerzen und Kopfdruck sind die Folge.

Lösung: Probieren Sie, bewusst zu atmen, mitzusingen, zu summen, zu lachen. Lenken Sie Ihre Wahrnehmung auf das gleichmäßige Aus und Ein der frischen Luft. Frische Luft, Spaziergänge wirken hier Wunder.

DER «MIT-DEM-KOPF-DURCH-DIE-WAND-TYP»

Die Bälle fliegen nach vorne und meistens auch immer höher und weiter. Manche Vertreter dieses Typus bleiben dabei auch noch wie angewurzelt stehen – und laufen Gefahr, auf die Nase zu fallen.

Parallelen zu Leben und Beruf: Er neigt dazu, mit dem Kopf durch die Wand zu gehen und sich die Welt mit großen und ausladenden Bewegungen zu erobern. Vergisst in seinem Eifer manchmal, dass es auch noch andere Menschen gibt, und bringt so manches ins Wanken. Neigt häufig dazu, erst recht zu beschleunigen, wenn die Dinge zu entgleiten drohen. Hintergrund ist die Neigung, sich die Dinge eher vom Leib zu halten, statt sie an sich heranzulassen.

Lösung: Nehmen Sie wahr, dass die Bälle nur deshalb nach vorne wandern, weil eine oder beide Hände die Bälle nach vorne werfen – und aus keinem anderen Grund. Achten Sie einfach darauf, wann das beginnt – zum Beispiel beim dritten Ball –, und was Ihre Hand veranlasst, so zu agieren. Alternativen: Stellen Sie sich vor eine Wand oder an den Abgrund einer Schlucht!
Variation: Laufen Sie den Bällen einfach hinterher – es gibt auch jonglierende Marathonläufer!

DER «ZURÜCKGEDRÄNGTE-TYP»

Die Bälle scheinen den Werfer nach hinten zu drängen, was mit zurückgelehntem Oberkörper quittiert wird. Der Blick drückt aus, dass die Bälle leicht bedrohlichen Charakter für den Werfer haben.

Parallelen zu Leben und Beruf: Der «Zurückweichende» hat schnell das Gefühl, wenig Platz und Raum zu haben. Er fühlt sich schnell von anderen überfahren und ist häufig an Abwehr- und Schutzhaltungen zu erkennen. Öfter fühlt er sich so, als stünde er mit dem Rücken zur Wand. Er reagiert lieber statt selbst aktiv zu werden.

Lösung: Stellen Sie sich aufrecht hin und werfen Sie die Bälle einmal bewusst nach vorne. Sagen Sie innerlich zu sich selbst: «Ich entscheide.»

DER «ANALYTISCHE TYP»

Er denkt erst einmal alles durch, bevor er anfängt, muss es genau verstehen. Jongliert mit dem Kopf. Möchte lieber verstehen statt zu be-greifen!

Parallelen zu Leben und Beruf: Ernster Denker, Emotionen sind nachgelagert. Wissen ist wichtiger als Gefühl. Ist überzeugt, alles durch Denken erfassen zu können. Wirkt leicht etwas steif und zurückhaltend.

Lösung: Versuchen Sie einmal, den Spieler und Abenteurer in sich zu mobilisieren, jenen Zug, der Sie ein Risiko eingehen lässt. Nutzen Sie die Ungefährlichkeit der Bälle, etwas Mutiges zu tun, nämlich zu handeln, ohne vorher alles durchdacht zu haben. Beobachten Sie dabei Ihre Reaktionen außen und innen.

DER «DAS-GEHT-MIR-ZU-LANGSAM-TYP»

Er möchte am liebsten gleich mit drei Bällen anfangen. Wenn es nicht direkt klappt, wird er schnell unzufrieden.

Parallelen zu Leben und Beruf: Der «Ungeduldige» gibt sich und anderen zu wenig Zeit, die Dinge in Ruhe anzuschauen und zu durchdringen. Lern- und Experimentierphasen sind nicht erlaubt, gewünscht sind sofortige Erfolge. Druck und Misserfolge führen zu Frustrationen.

Lösung: Vertrauen Sie auf die natürlichen Wachstums- und Lernprozesse und lassen Sie den Dingen ihre Zeit. Folgen Sie der Formel «GROW» (siehe «Coaching für die Praxis» von J. Whitmore):
Goal – Was ist das Ziel?
Reality – Wo stehe ich im Moment?
Options – Welche Möglichkeiten habe ich?
What – Was ist zu tun?
Gehen Sie Schritt für Schritt vor, ein Ball nach dem anderen. «Genießen» Sie jeden Ball solange, bis Sie ganz vertraut mit ihm sind und sich bei Ihnen echte Gelassenheit einstellt.

DER «KAU-TYP»

Er ist erkennbar an Kaubewegungen, obwohl nichts im Mund ist, begleitet von leichten bis starken Verkrampfungen im Gesichtsbereich. Sichtbarer Ausdruck davon, dass man Muskeln aktiviert, die man für die Tätigkeit gar nicht benötigt. Signalisiert die Schwere der Aufgabe und die hohe Bereitschaft, sich anzustrengen und sich durchzubeißen. Ballbewegungen können verhalten, eng und abgehackt wirken.

Parallelen zu Leben und Beruf: Der «Kau-Typ» neigt dazu, sich festzubeißen und Dinge lange «wiederzukäuen». Die dabei auftretenden, durchaus beachtlichen Kräfte werden nicht freigesetzt – z.B. für die Bewältigung von Herausforderungen –, sondern mehr oder weniger gegen sich selbst gerichtet. Der Erschöpfungsgrad ist größer, als es der eigentlichen Aufgabe entspricht.

Lösung: Verstärken Sie zunächst Ihr Kauen und spannen Sie zusätzlich Ihren Körper an, während Sie zu jonglieren versuchen. Lassen Sie anschließend alles los, öffnen Sie ihren Mund und lassen Sie die Zunge locker hängen. Wechseln Sie ein paar Mal zwischen totaler Anspannung und Loslassen und achten Sie auf den Unterschied beim Jonglieren.

DER «WAS-KOMMT-DA-AUF-MICH-ZU-TYP»

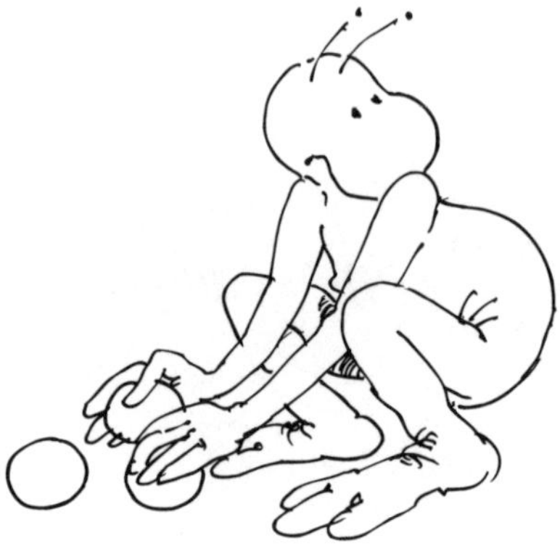

Er wirkt äußerst beeindruckt von dem, was er da sieht, je nachdem von bedroht-erschrocken: «Die Bälle fallen mir gleich auf den Kopf», bis zu ungläubig: «Das kann doch nicht sein, dass ich das kann.» Schultern sind tendenziell eingezogen.

Parallelen zu Leben und Beruf: Dieser Typus lässt sich leicht von anderen beeindrucken, ist tendenziell eher schüchtern und vermeidet Auseinandersetzungen. Seine «verhaltene» Haltung, die keine eindeutige Ausrichtung erkennen lässt, signalisiert eine gewisse Unterwürfigkeit. Andere und die Umwelt bestimmen.

Lösung: Stehen Sie aufrecht, und nehmen Sie einen klaren und festen Standpunkt ein. Entspannen Sie Ihren Nacken und machen Sie sich bewusst, dass die Bälle nur das tun, was Sie mit ihnen machen. Die Bälle haben *kein* Eigenleben und tun auch nicht weh! Fangen Sie die Bälle ein paar Mal so leise wie möglich auf.

DER «BESCHLEUNIGUNGS-TYP»

Er beginnt mit ruhigem Rhythmus und wird dann immer schneller, bis alles außer Kontrolle gerät. Ist davon überrascht, weil er es so gar nicht will, und schaut manchmal kritisch die Bälle an, ob es wohl einen verborgenen Beschleunigungsmechanismus in ihnen gibt.

Parallelen zu Leben und Beruf: Wird bei Herausforderungen immer schneller, verliert dabei aber den Überblick. Schließlich fällt alles in sich zusammen, und er steht überrascht daneben, wie das passieren konnte. Erweckt den Eindruck, die Beschleunigung sei von außen gekommen, und ist überzeugt, dass sie nichts mit ihm zu tun haben kann.

Lösung: «Langsamer», werden viele sagen. Tatsächlich aber nützt das dem Beschleuniger gar nichts, will er doch selbst nichts lieber als das wäre. Lassen Sie stattdessen die Bälle so lange an Ihren Händen vorbei fallen, bis Sie das richtige Tempo gefunden haben. Gewöhnen Sie sich an dieses langsamere Tempo und halten Sie es strikt ein, wenn Sie weitermachen. Sofort innehalten, wenn Sie eine neue Beschleunigung bemerken. Eine weitere Möglichkeit ist, die Flugbahn größer werden zu lassen bzw. einen bestimmt Punkt oberhalb Ihres Kopfes zu wählen, durch den hindurch Sie die Bälle werfen.

DER «STERNEGREIFER-TYP»

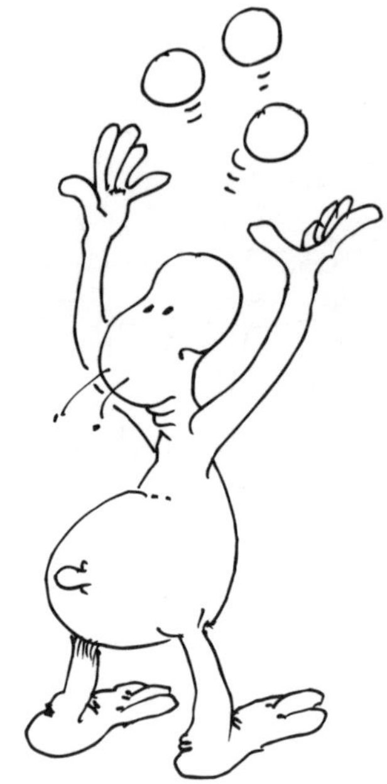

Die Bälle werden relativ weit oben gefangen und geworfen, wobei es so aussieht, als würden die Arme nach oben gezogen. Schulter, Arme und Nacken versteifen sich zunehmend.

Parallelen zu Leben und Beruf: Der «Sternegreifer» meint es gut und möchte es besonders gut machen. Statt Dinge kommen und geschehen zu lassen und sie ihrem natürlichen Lauf zu überlassen, greift er schon frühzeitig ins Geschehen ein. Mitarbeiter dieses Typus können sich entmündigt fühlen, da zu früh und zuviel Unterstützung gegeben wird (Helfersyndrom).

Lösung: Schulter und Nacken locker lassen. Dabei ausatmen und sich bewusst machen, dass die Bälle aufgrund der Erdanziehung von alleine herunterkommen. Statt nach oben, ist es sinnvoll, die Wahrnehmung nach unten – zum Beispiel in den Bauch – zu lenken. Atmen Sie ruhig und gleichmäßig und fangen Sie die Bälle so spät wie möglich. Stellen Sie sich vor, die Bälle seien aus Eisen. Vorsicht, schwer!

DER «UNTEN-WEITERGEBER-TYP»

Die Bälle werden unten so weitergegeben, dass eine Kreisbewegung entsteht. Eine Gewohnheit, die sich bei zwei Bällen einschleicht und sich dann nicht mehr so leicht verlernen lässt.

Parallelen zu Leben und Beruf: Nimmt alles nicht so genau. Hauptsache, es bewegt sich und sieht so aus, als ob man es kann. Recht schnell mit sich zufrieden.

Lösung: Machen Sie sich dieses Bewegungsbild bewusst und lenken Sie Ihre Wahrnehmung auf die unten weitergebende Hand. Werfen Sie auch hier den Ball nach oben und nutzen Sie diese «Entwöhnung» einmal, um darauf zu achten, wie leicht oder schwer es ist, sich einmal Angewöhntes (Gelerntes) wieder abzugewöhnen (zu verlernen).

DER «KATAPULT-TYP»

Die Bälle werden mit katapultartigen Bewegungen nach oben geschleudert. Der ganze Körper unterstützt diese ruckartige Bewegung, was einerseits abgehackt wirkt, andererseits sehr anstrengt.

Parallelen zu Leben und Beruf: Neigt dazu, angestrengt zu sein, macht es sich schwer und arbeitet hart.

Lösung: Achten Sie auf ein weiches Fangen und lenken Sie Ihre Wahrnehmung auf runde, fließende Bewegungen. Versuchen Sie, die Bälle so leise wie möglich zu fangen, und stellen Sie sich dabei fließendes Wasser vor.

DER «KONTROLL-TYP»

Er kann es schwer akzeptieren, dass der Ball nicht dort herunterfällt, wo die Hand ist. Gleichzeitig ist ihm ein Zuviel an Bewegung eher unangenehm. Spontane und impulsive Bewegungen mit entsprechendem Gefühlsausdruck sind eher selten. Die Arme wirken manchmal wie angeklebt.

Parallelen zu Leben und Beruf: Unvorhergesehenes bringt Unruhe, die allerdings nicht nach außen gezeigt wird. Im Gegenteil! Ordnung ist sehr wichtig, führt aber zu einer gewissen Bewegungslosigkeit und fehlender Flexibilität, insbesondere, wenn Unerwartetes geschieht.

Lösung: Schütteln Sie Arme und Beine aus, kreisen Sie mit dem Kopf, machen Sie ein paar lockere Beckenbewegungen. Testen Sie aus, bis zu welchem Bewegungsradius Sie die Bälle noch fangen können, und gehen Sie dann darüber hinaus. Lachen Sie laut, wenn alle auf dem Boden liegen!

ANHANG

INNER GAME AUF DEN PUNKT GEBRACHT

Inner game ist ein Ansatz, um Lern- und Veränderungsprozesse natürlich, verständlich und aus eigener Motivation zu initiieren, sei es als Lehrer, Coach, Führungskraft, Eltern oder als Menschen, die anderen etwas nahe bringen oder sie beim Erreichen eines Zieles unterstützen oder begleiten wollen.

1. Das Spiel erkennen
Inner game lenkt die Wahrnehmung von der Außenwelt (äußeres Spiel) auf die Innenwelt (inneres Spiel), um sich bewusst zu werden, was in einem abläuft, während äußerlich etwas geschieht. Es wird deutlich, dass es zum einen eine objektiv sichtbare Außenwelt (das Thema, das Ziel, das Problem, die Forderung usw.) gibt und zum anderen die ganz individuelle Reaktion – «das inner game» – des Einzelnen auf diese Welt da draußen. Es verdeutlicht, welche Wirkzusammenhänge bestehen zwischen dem Einzelnen und der Welt.

2. Sich selbst bewusst werden
Inner game schafft einen Lern- und Erfahrungsraum, der es ermöglicht, eigene Denkmodelle, Verhaltensgewohnheiten, Gefühlsmuster zu erkennen und zu erleben, wie diese das Verhalten und damit das Ergebnis beeinflussen. Es schärft die Wahrnehmung für das eigene Verhalten in all seinen Facetten und macht spürbar, wie sich «störendes» Verhalten auf das angestrebte Ergebnis auswirkt. Das führt zum Bewusstsein, dass man sein Leben verantwortlich gestalten kann und dass nur das Sinn macht.

3. Sein Potenzial entdecken
Inner game macht die Kraft des eigenen Potenzials spürbar und ermöglicht es, Wege zu finden, um sein Potenzial auszuleben. Es macht bewusst, dass es nicht um Perfektion, sondern um Exzellenz geht und schafft damit Zugang zur eigenen Intelligenz und Kreativität. Die Lust zu lernen und zu erforschen wächst und macht Mut zur eigenen Einzigartigkeit zu stehen und den eigenen Weg zu gehen.

4. Spielen

Inner game führt über das Spiel, die Bewegung, in einen Zustand von Gelöstheit, Entspannung und Freude, bringt damit in Bewegung und lockert Festgefahrenes. Die Einbeziehung des Körpers erzeugt überraschende Lernerfolge und bietet ganz konkrete Lernprozesse (Jonglieren, Bogenschießen, Golf u.a.) um sich selbst entdecken und verstehen zu können. Der Körper wird zum Spiegel und schafft damit über das Spiel und die Bewegung einen Zugang zur Innenwelt. Außerdem fördert der spielerische Aspekt die wichtige Fähigkeit, loszulassen.

5. Vertrauen in die Prinzipien

- Energie vor Tagesordnung
- Leistung = Potenzial – Störung
- keine Antwort ohne Fragen
- Fehler zeigen nur, was fehlt
- Offenheit für das Ergebnis

GEGENÜBERSTELLUNG GEWOHNTES LERNEN UND INNER GAME

Die folgenden Unterscheidungen sind als Orientierung gedacht. Die unter inner game genannten Kriterien sind als Zielsetzungen zu verstehen, die angestrebt, aber sicher nicht immer erreicht werden. Außerdem gibt es eine Reihe von Lernansätzen, die ebenfalls Kriterien des inner game beinhalten.

Gewohntes Lernen	**Lernen mit inner game**
- Inhalt wichtig	- Teilnehmer wichtig
- vorgefertigt	- gemeinsam entwickelt
- Techniken, Methoden, Wissen	- Erfahrung, Spielraum
- strukturierter Ablauf	- Rahmen offen für Veränderung
- Begeisterung für Stoff, Methode, Trainer	- Begeisterung für sich selbst
- Suche nach Fehlern	- Suche nach Lösungsmöglichkeiten
- Vermeiden von Schwerem	- Suche nach der Leichtigkeit
- Lösen von Problemen	- Verstärken der Potenziale
- Fehler unangenehm	- Fehler zeigen nur, was fehlt
- Angst vor Misserfolg	- Vertrauen in sich
- Lehrer als Motivator und Vorturner	- Lehrer als Rahmengestalter und Moderator
- Konformität erwünscht	- Individualität gefördert
- vermeidet bzw. durchbricht Widerstände	- geht mit dem Fluss, mit der Energie
- Spiel mit vorgegebenen Grenzen	- Spiel mit eigenen Grenzen
- Lehrer verantwortlich	- Schüler verantwortlich
- macht abhängig	- macht mündig
- Lernender unbeteiligt	- Lernender beteiligt
- es gibt begabt und unbegabt	- es gibt zu entwickelnde Potenziale
- Intelligente und Starke haben Vorteile	- alle entwickeln sich von ihrer Basis aus
- fern der Natur	- intensives Erleben der Natur
- Körper sitzt still	- Körper in Bewegung
- Körper spielt keine Rolle	- Körper als Ratgeber und Spiegel
- Spiel als Pausenfüller	- Spiel als integrierter Bestandteil

NACHWORT DES VERLEGERS

Lernen hat im Bewusstsein vieler Menschen einen höheren Stellenwert bekommen. Doch leider ist noch zu häufig eine «Lücke» zu entdecken – zwischen dem, wie Lernen von den Beteiligten gewünscht und wie es, in der Wirtschaft, in Schule und Sport, wirklich erlebt wird.

Mit seinem Buch über den inner game Lernansatz zeigt Christian Maier allen, die in vielfältigsten Situationen Lehrende und Lernende sind, Wege zu einem lebendigen, leichten und erfolgreichen Lernen auf. Was dazu gehört, klingt wenig spektakulär:

- Lerne über eigene Erfahrungen
- Beachte Dein inneres Spiel
- Suche nach der Leichtigkeit

Um diese Regeln anzuwenden, ist kein vertieftes Studium nötig. Wichtig sind zunächst Lust am eigenen Entdecken und bewusstes Vertrauen in die eigenen Fähigkeiten. Und wer es schließlich lernt loszulassen, der gewinnt damit eine größere innere Freiheit oder anders ausgedrückt «Spielraum für Wesentliches».

«Spielraum für Wesentliches» ist das erste Buch über inner game, das von einem deutschen Autor geschrieben wurde. Weil ich Christian Maier aus gemeinsamen Management-Workshops gut kenne, kann ich Ihnen versichern, dass die im Buch enthaltene Vielfalt von Erfahrungen, Geschichten und Erlebnissen vom Autor authentisch gelebt wird.

Ich freue mich, wenn das Buch Sie ermutigt, noch mehr in Ihre eigenen Fähigkeiten zu vertrauen und Neues mit Leichtigkeit und Spaß zu lernen.

Probieren Sie es einfach aus!

Frank Pyko, im Oktober 2007

www.imfluss.de
www.inner-golf.de
www.allesimfluss-verlag.de

Christian Maier (Jg. 57), verheiratet, 4 Kinder.

Studium der Betriebswirtschaft in Frankfurt, Paris und London (European Business School). Weiterbildungen in Psychologie, NLP, u. a.

1981 Gründung der Gesellschaft für ganzheitliches Lernen. Schwerpunkt Herstellung und Vertrieb von Superlearning Audio-Cassettenkursen für Fremdsprachen.
Autor mehrerer Bücher und Cassetten z.B. Verkaufstraining, Verhandlungstraining, Mentaltraining, Erfolg durch Superlearning (Heyne).
Komposition und Veröffentlichung von Entspannungsmusik.
1989 Verkauf des Verlages und Verlagerung des Schwerpunktes auf innovative und kreative Beratungs- und Trainingskonzepte.
1993 Gründung des INNER GAME Institutes.

Ob in der Arbeit mit einzelnen Menschen oder Unternehmen: Immer geht es ihm darum, dass seine Klienten und Kunden innerlich und äußerlich in Bewegung kommen und beginnen, festgefahrene Standpunkte zu erkennen und loszulassen. Er versteht sich als Lernkünstler und bevorzugt eine flexible, schnelle und lebendige Vorgehensweise. Wichtig ist ihm, wirkliche Kernpunkte herauszufinden und kreative Lösungen gemeinsam zu entwickeln.

Arbeitsgebiete:
Sicherheit im Spiel mit Unsicherheit –
Begleitung und Unterstützung von Unternehmen und Menschen in Veränderungsprozessen, Führungskräfte- und Teamentwicklung.
Wie bewegt man Menschen, sich selbst zu bewegen –
Aus- und Weiterbildung von Lehrenden und Führungskräften.
Begeisterung, die von innen kommt –
Impulsvorträge und inner game Großveranstaltungen.
Finde deinen Weg beim Gehen – Wandercoaching.
Lernzirkus Schule – inner game Aktionstag in Schulen für Schüler, Lehrer und Eltern.

www.innergame.de • www.innergame.ch
www.wandercoaching.de • maier@innergame.de

LITERATURLISTE:

Bevendorff, Sven: Jonglage und Improvisationstheater als spiel- und theaterpädagogische Möglichkeiten zur Erweiterung der Kommunikationskompetenz, Fachhochschule Kiel 1998
Buzan/Gelb: Die Kunst des Jonglierens, Knaur 1996
Dietrich, Reinhold: Nach innen laufen, Eigenverlag 1993, www.verlag-dietrich.com
Finnigan, Dave: Alles über die Kunst des Jonglierens, DuMont 1988
Finnigan, Dave: Zen in der Kunst des Jonglierens, O.W. Barth 1993
Fischer, Theo: Wu wei, Rowohlt 1992
Gallwey, Timothy: Erfolg durch Selbstcoaching, Verlag Bildung und Wissen 2002
Gallwey, Timothy: INNER GAME GOLF, allesimfluss-Verlag 2003
Gallwey, Timothy: Tennis und Psyche – das innere Spiel, Wila 1977
Gallwey/Green: Der Mozart in uns – the inner game of Music, Waldgut 1993
Gallwey/Kriegel: Besser Skifahren durch inner-Training, Heyne 1981
Herkert, Rolf: Spurenwechsel – Mit «innerSki» Piste und Alltag neu erleben, Integral 1991
Huizinga, Johan: Homo Ludens – Vom Ursprung der Kultur im Spiel, Rowohlt 1956
Langholf, Markus: Loslassen – der Pfad des lebendigen Geistes, Sheema 1997
Maier, Christian: Erfolg durch Superlearning, Heyne 1987
May, Arne: Jonglierforschung aus: Nature Bd. 427, S. 311
McCluggage, Denise: Der innere Schwung, Ravensburger 1987
Rilke, Rainer Maria: Sämtliche Werke. Band 3, Insel Werkausgabe, Frankfurt a. M. 1975
Senge, Peter M.: Die fünfte Disziplin, Klett-Cotta 1996
Schneider, Dr. Harald, Ulm: Einige Gedanken im Kapitel «Inner game in der Wirtschaft» sind von ihm.
Spang, Peter: Zennis – Verbessern Sie Ihr Tennisspiel mit Zen, Goldmann 1999
Steiner, Rudolf: Die Philosophie der Freiheit, Rudolf Steiner Verlag 1894
Whitmore, John: Coaching für die Praxis, allesimfluss-Verlag 2006

Empfehlungen zum Kapitel «Die Wissenschaft hat festgestellt ...»

Gerald Hüther: Bedienungsanleitung für ein menschliches Gehirn, Vandenhoeck & Ruprecht 2006

Manfred Spitzer: Lernen. Gehirnforschung und die Schule des Lebens, Spektrum Akademischer Verlag 2002

Eric Kandel: Auf der Suche nach dem Gedächtnis. Die Entstehung einer neuen Wissenschaft des Geistes, Pantheon 2007

Der Spiegel, 15. 05. 2006, Nr. 20, Laufen, Lieben, Lesen – Das Fitnessprogramm fürs Gehirn

Der Spiegel, 30. 01. 2006, Nr. 5, Die Heilkraft der Bewegung

Empfehlungen zum Kapitel «Die Wissenschaft hat festgestellt ...»

Gerald Hüther: Bedienungsanleitung für ein menschliches Gehirn, Vandenhoeck & Ruprecht 2006
Manfred Spitzer: Lernen. Gehirnforschung und die Schule des Lebens, Spektrum Akademischer Verlag 2002
Eric Kandel: Auf der Suche nach dem Gedächtnis. Die Entstehung einer neuen Wissenschaft des Geistes, Pantheon 2007
Der Spiegel, 15. 05. 2006, Nr. 20, Laufen, Lieben, Lesen – Das Fitnessprogramm fürs Gehirn
Der Spiegel, 30. 01. 2006, Nr. 5, Die Heilkraft der Bewegung

Weitere Bücher des Verlages:

COACHING FÜR DIE PRAXIS
von John Whitmore

€ 20,– / CHF 36,–
ISBN 978-3-9809167-1-4
www.coachingfuerdiepraxis.de

INNER GAME GOLF
von W. Timothy Gallwey

€ 24,80 / CHF 42,–
ISBN 978-3-9809167-0-7
www.innergamegolf-buch.de

In Vorbereitung sind folgende Titel:

INNER GAME MUSIK	B. Green / W. T. Gallwey	1. Hj. 2008
INNER GAME COACHING	W. T. Gallwey	2. Hj. 2008
INNER GAME SKI	W. T. Gallwey	1. Hj. 2009

allesimfluss_verlag